成為新人類

24個明日菁英的嶄新定義

山口周——著

李璦祺——譯

前言

「屬於二十世紀的優秀」將走入歷史

以下這兩段話，就是本書所要傳達的主旨。

二十世紀下半葉至二十一世紀初，有一群受到高度肯定的人，他們具備的特質是服從聽話、邏輯性強、勤奮不懈、富責任感。但這群所謂的「優秀人才」，今後恐將急速失去價值，淪為「舊人類」。

另一方面，有一群人與舊人類相反，具有自由奔放、直覺敏銳、我行我素、好奇心旺盛之特質，他們將以「新人類」之姿，替今後的世界創造非凡價值，進而受到肯定，獲得本質上的富饒，過著真正的「美滿人生」。

二十世紀下半葉至二十一世紀上半葉，這約莫五十年間，備受社會青睞的「理想」思考及行為模式，多數都在今日迅速淪為過時。拿起這本書的您，一定也對此有所察覺。

本書將為讀者整理、揭露出這些積習難改的思考及行為模式，以及與之對立而生的嶄新思考模式，筆者為前者稱為「舊人類」，後者稱為「新人類」。

那麼，究竟是什麼樣的人，才是新人類呢？這正是本書的最大主題，詳細內容留待本書正文中探討。不過，此處可指出幾個大方向供讀者參考——新人類就是具有圖1所示的思考及行為模式的人。

看完圖1就會明白，長期以來，舊人類的思考及行為模式，一直被認為是「資本主義社會中贏得成功的優秀人物」所需具備的必要條件。

然而，現今社會無論在結構上或科技上，皆日新月異，在此前提下，舊人類的思考及行為模式已出現非汰換不可的必要。

詳情將在正文的個別章節中說明，這裡僅針對「為何必須將過去飽受推崇的人才條件（＝舊人類）汰換成新的人才條件（＝新人類）」之問題，提出兩大重點加以解釋。

「求出正確答案的能力」已失去價值

第一項重點是，從「創造社會價值」的觀點來看，舊人類的思考及行為模式所帶來的效果日益低落。

筆者曾在拙著《美意識：為什麼商界菁英都在培養美感？》（三采文

圖 1 今後推崇的思考及行為模式為何？

舊人類		新人類
找出標準答案	>	找出問題
預測	>	構思
以關鍵績效指標（KPI）進行管理	>	賦予意義
提高生產率	>	加入玩耍的元素
服從規則	>	遵循自己的道德觀
待在一個組織內	>	跨越不同組織
先縝密地計畫，再付諸實行	>	試了再說
掠奪、獨佔	>	給予、共享
倚賴經驗	>	倚賴學習能力

化，二〇一八）一書中指出，舊人類是根據「邏輯與科學」行動，然而在「產品過剩，正確答案趨於量產化」的世界中，「邏輯與科學」逐漸失去其創造價值之功能；今後社會需要的新人類，應是以「美感與藝術」為武器的嶄新人才。社會之所以有這樣的轉變，是因為過去「價值創造」的源頭，是來自「解決問題、製造產品的能力」，如今這個源頭正在移轉至「發現問題、創造意義的能力」上。

「優秀」的概念，必定配合文本的脈絡，產生不同的含意，這一點我們必須留意。任何時代的「理想」人才條件，都是配合該時代特有的社會體制與科學技術之優勢約定俗成的。這代表，一種能回應社會需求的能力或資質，當它相對稀少時，就會受到高度肯定；反之，當它過剩時，則會被賤價出售。

由於現今社會是「產品」過剩、「問題」稀少，昔日社會是「產品」稀少、「問題」過剩，因此現代與過去所追求的人才條件，自然也會隨著社會狀態的反轉而大異其趣。

然而，人類的心智是十分保守的，許多人仍相信「求出正確答案的能力」，例如考試分數，是判斷一個人「優秀與否」的標準，對其崇尚不已。

當今社會各界正在發生的諸多悲劇與混亂，正是來自這種扭曲的認知。

約翰．亨利（John Henry）是美國民間傳說中的一個傳奇人物。他生於十九世紀的西部拓荒時代，是一名孔武有力的鐵路工人，在鐵鎚的操弄上無出其右。當最先進的科技發明出了蒸氣錘後，他便親自挑戰，想證明「人類只要受過千錘百鍊，就不可能敗給那玩意兒」。最後，他雖然獲得了勝利，卻因氣力耗盡、心臟衰竭而死去。

這個故事十分具有象徵意義。工業革命之前，判斷「優秀人才」的標準是「肌力」與「意志力」。然而，工業革命以後，這種標準逐漸式微。約翰．亨利的故事，正是舊有標準的沒落，所引發的混亂與悲劇。

舊人類會擴大複製現代的問題

再者，要解釋為何我們必須將舊人類更新成新人類，第二個重要理由是——資本主義體制所製造的問題，正因舊人類的思考及行為模式持續受到推崇，而在加速擴大複製中。[1]

比方說，如今「垃圾」問題在全球都會區，皆日益嚴重。這可說是舊

1 上一節提到「問題愈來愈稀少」，但此處又說「問題正在加速擴大複製」，或許有讀者會對此感到前後矛盾。為避免讀者感到混亂，因此以註釋加以說明。上一節所提到的「愈來愈稀少的問題」，是指「經濟體制內可解決的問題」；至於本節所指出的「正在加速擴大複製的問題」，則是指「經濟體制內難以解決的問題」，例如垃圾、貧窮、虐待等等，這些通常被歸納為「市場失靈」（Market Failure）及「負外部性」（Negative Externality）。

題的能力」為基本目的。

但我們正在進入一個「問題稀少而解決對策過剩」的時代，這是人類史上的頭一遭。這樣的時代中，單憑「高度的解決問題能力」，是無法產生價值的。

商業行為是建立在「發現問題」與「解決問題」的組合上。而如今「問題」愈來愈稀少，所以我們所遇到的經濟發展瓶頸，是來自於問題的「發現能力」並非「解決能力」。於是，解決問題者的價值持續下跌，發現問題者的價值則往上攀升。這是說明「理想的思考及行為模式是相對性的，它根據科技與社會結構的脈絡來決定」。

因此，要想知道過去我們理想中的舊人類的思考及行為模式，將如何換成新人類的思考及行為模式，就必須先研究一下它的前提——科技與社會發生了什麼樣的變化。

接下來的第一章要先探討的是，促使舊人類轉換成新人類的六項主要趨勢。

意義的力量

4 能力會隨著「意義」增強

人類勞動力明顯持續增長，但工作時數卻幾乎不見減少，
意思其實是我們的無意義垃圾工作急速增加，
要改善這種惡性循環，唯有提出新的工作意義。

舊人類 賦予目標，用KPI管理

新人類 賦予意義，為工作找到動機

領導力

7 闡述引發共鳴的「WHAT」和「WHY」

對外來說，「意義」是重要的戰略；
對內來說，「意義」也是現今最好的公司驅力，
換句話說，只用 HOW 帶領員工的方式已經落伍了。

舊人類 用 HOW 指示、命令他人
新人類 用 WHAT ＋ WHY 賦權他人

142

第四章 新人類的思考術

——從偏重邏輯到邏輯與直覺並重

審美意識
10 遵從自己的倫理觀念

在公司內部擔任毫不思考的小螺絲釘，
不如發揮一點自己的個性，
稍稍放縱，或許對工作的幫助更大！

舊人類 遵守組織規則與規範，「毫不批判」地行動
新人類 遵從自己的道德與價值觀，「任性」而為

決策
11 同時擁有多個標準以取得平衡

在個人，我們需要兼顧直覺與邏輯，
而在整個工作標準上，
用單一ＫＰＩ或者ＧＤＰ只會讓工作失去意義。

舊人類 以提升量為目標
新人類 以提升質為目標

流動性

12 橫跨兩個以上的組織

想要以同一套技能待在同一個組織已經不可能了，在這個瞬息萬變的時代，與其「斜槓」，我們應該採取風險平攤的「槓鈴」策略。

舊人類 長期隸屬於同一組織

新人類 跨越組織藩籬活動

努力與成果

13 在能提高自我價值的層級上努力

盲目相信「只要努力一定有回報」可能只會浪費生命，
認清自己、找到能夠重新出發的點也許更有意義。

舊人類 在目前的位置上堅忍不拔
新人類 將自己置於能夠勝出的位置

221

工作動力

14 進入適合自己內在動機的「場域」

「意義」能改變一個工作的性質，
也就是說，沒有意義，你就只是受命令驅動的人，
有了意義，完成任務的滿足感與成功率都會變高。

舊人類 受命令驅使而工作
新人類 受好奇心驅使而工作

233

捨棄舊經驗

21 改寫辛苦習得的模式識別

為了要適應迷濛不清的世界，
我們應當隨時準備將既有知識歸零，
如同空瓶般，隨時準備獲取新知。

舊人類 仰賴經驗，一旦習得就不放手

新人類 將經驗歸零，持續不斷學習

326

第八章

新人類的組織管理

——從權力型管理到對話型管理

第一章

造成人才汰舊換新的六項主要趨勢

促使新人類崛起的環境變化態勢

主要趨勢1——飽和的產品與枯竭的意義

生活在現代日本，所有用來保障我們平日能過得安全且舒適的物品，幾乎都是唾手可得。

半個世紀前的一九六〇年代，電視機、洗衣機、電冰箱是富裕生活的象徵，被稱為「三種神器」，大眾無不對其感到憧憬。今日，反倒是要找出沒有這些家電的家庭還比較困難。

才過了短短半個世紀，「令人渴望」的產品，已成了民間普遍擁有之物，這就是目前的社會寫照。我們來到一個人類從未經歷過的時代，一切生活所需之物皆唾手可得的時代。

雖然我們如此「幸運」，但許多人卻懷著一股難以名狀的失落感。「不用擔心能不能活過今天」是人類千萬年來的夢想，然而一旦實現後，卻有許多人開始感到失落，彷彿失去了人生中某種本質上更重要的東西。

物質匱乏的課題，幾乎都已得到解決，人生活在這樣的世界上，要如何找到「活著的意義」？史上最早提出這個問題的人，應該就是德國哲學家尼采。

尼采早在一百五十年前就已預言，現代人將陷入虛無主義（Nihilism），苦於「失去意義」的問題。

何謂虛無主義？根據尼采的定義，即是無法回答「為了什麼」的狀態。換言之，「失去意義的狀態」就是虛無主義的本質。

我們活在一個「產品過剩、意義稀少的時代」。「產品」因過剩而喪失價值，「意義」因稀少而具有價值，這就是我們所處的二十一世紀。

當世界演變至此，堅持繼續生產「有用物品」的舊人類，自然會失去其價值；反之，為世人提供稀少「意義」的新人類，便能創造非凡價值。

主要趨勢2——問題的稀少化與正確答案的量產化

「產品愈來愈過剩」又會反過來造成「問題愈來愈稀少」。在這產品過剩的世界裡，日常生活中已逐漸感受不到明顯的不滿、不便與不安。也就是說，日本現今正處於「問題愈來愈稀少」的狀態中。

如前所述，商業行為是建立在「發現問題」和「解決問題」的組合上。因此，「哪一方較少」，哪一方就會成為阻礙社會發展的瓶頸，誰能化解豐富」視作一種加分項目。但是當環境不斷變化時，就表示過去累積下來的經驗，也會隨著變化淪為一文不值。

當世界演變至此，一個人若繼續依賴過去所累積的經驗，就會使自己的價值迅速減損；反之，一個人若能在新環境中持續吸收學習，他就能創造價值。

第二項問題是「預測的無價值化」。過去，無論對企業或對個人來說，執行某件事時，根據中長期的預測訂定計畫，一直被視為一種「好的」做法。然而，當社會愈「不穩定」且「不確定」時，就會愈損及「預測的價值」。在這樣的時代中，費時訂定計畫，忠實執行計畫的行為模式，可說是風險極大。今後需要的反而是，先試試看，再一邊看結果一邊微調，也就是靈活因應不斷變化的環境，採取「計劃性的隨機應變」。

第三項問題是「最佳化的無價值化」。為求更好的表現，我們總是配合周圍環境自我提升，將自己最佳化，但此時卻會產生一項矛盾。

因為在「VUCA的世界」裡，環境會連續不斷地變化，所以無論取哪一個時間點，配合環境進行高度的最佳化，都會在下一個瞬間淪為過時。換言之，現在我們必須針對「最佳化」這個概念，重新省思其含意。

這樣的時代裡，配合某瞬間的環境達到的「最佳化程度」將變得毫不重要，反而是彈性因應環境變化的「臨機應變度」，會開始受到重視。

主要趨勢5——規模利益的消失

十八世紀的工業革命以來，「強盛的商業模式」就等於「大型的商業模式」。以龐大的資金建造巨大的工廠、生產大量產品、投注鉅額廣告費、大舉銷售至世界各地。這種暴力性的商業模式，一直以來都是商場上的常勝軍，也造成無法募集資金的產品、無法大量生產的產品、無法撥出鉅額廣告費的產品，都不得不隨著歷史灰飛煙滅。

由於這種時代持續了一段漫長的歲月，因此我們被灌輸了一個觀念：追求規模才是商場上的成功之鑰。然而如今，規模已不再保證能讓我們直接換取到經濟利益，反而還逐漸變成削弱競爭力的主因。

之所以形成此種變化，主要有兩大原因。

第一項主因是，邊際成本[4]的零元化。傑瑞米．里夫金（Jeremy Rifkin）在其著作《物聯網革命》（商周出版，二〇一五）中指出，各個

4　經濟學術語。意指每增加一單位的生產量，所需增加的費用。

領域都在發生邊際成本趨近於零的現象；在不久的將來，自十九世紀延續至今的垂直整合型超大企業，將會失去因其龐大所帶來的優勢，也就是失去「規模利益所帶來的低邊際成本」。

第二項主因，則是媒體與通路的變化。二十世紀下半葉的網路普及以前，若要向世人宣傳商品或服務，就非得仰賴報紙或電視等大眾媒體不可。這些媒體不適合用來鎖定一小部分的族群，因此企業採取的商業模型，必然是以迎合多數大眾喜好來開發商品或服務為主，再透過電視報紙等大眾媒體進行宣傳，最後通過巨大的通路商進行販售。

換言之，廣告與通路原本只是行銷手段，但卻從結構上限制了商品與服務的樣貌。最後，無力配合媒體與通路結構的小規模服務與商品，就會背負著巨大的不利條件；相對地，如果一個企業採用的戰略模式是，大量生產迎合多數大眾的產品、投注鉅額的行銷費用、透過媒體與通路大量銷售，那麼這家企業就能創造出龐大的規模利益。

然而，近年來媒體與通路的樣貌改變甚鉅，小規模的自僱人士，可根據自身的理念、想法或自己所追求的「意義」，精確地鎖定消費族群，進行溝通。

反過來說，媒體與通路樣貌的改變，反而讓「追求規模利益的商業模式」——大量生產，大量宣傳，透過廣大通路商，大舉銷售的昔日必勝模式——捉襟見肘。

主要趨勢6——人類壽命的延長與事業壽命的縮短

現今，已開發國家的平均壽命不斷延長，不久的將來我們可能會迎來「百歲壽命」的時代。

當平均壽命達到一百歲時，人將會工作到幾歲？關於這個問題，目前還沒有一個明確的定論。但現在敢說的是，我們刻板印象中認定的「六十歲退休」的人生模型，必將成為明日黃花。

順帶一提，與倫敦大學的林達·葛瑞騰（Lynda Gratton）合著《100歲的人生戰略》（商業週刊，二〇一七）一書的經濟學家安德魯·史考特（Andrew Scott）曾指出，當一百歲的長壽時代來臨後，絕大部分的人會為了存退休金養老，而必須工作到八十歲為止。換言之，姑且不論具體的年齡為何，多數的我們可能必須工作到，比我們祖父母當初退休的年齡，還要高齡許多。

另一方面，各種統計及數據顯示，企業壽命則有不斷縮短的傾向。舉例來說，美國標準普爾 500 指數（Standard & Poor's 500）裡的五百家企業，在一九六〇年代的平均壽命約為六十年，但到了今日卻降為不到二十年。

標準普爾 500 指數裡的企業，是以「美國代表性企業」作為選擇標準挑選而出。這些美國代表性企業的平均壽命，在半個世紀前是六十年，今日卻只剩下不到二十年。

在二十歲左右開始工作、六十歲左右退休的時代裡，企業的平均壽命比多數人的工作期間還長。而今日，兩者間卻是關係互換，多數人的工作期間已經遠比企業的平均壽命長得多了。

根據上述現象，我們可以明白地導出一項結論，那就是多數人在人生中必須面臨多次的職涯轉換。一般來說，我們往往會無條件地讚揚對自己的行業或職場「從一而終」的工作態度，但在瞬息萬變的世界裡，被這種價值觀綑綁的舊人類，反而會踏上一條對風險毫無招架之力的職涯。

另一方面，過去被批評取笑為「沒有定性」、「沒有節操」、「不能貫徹始終」的生活方式，換言之，就是在職涯的經營態度上，喜歡跨足多個工作、本行副業不分、每隔一段時期就會將職業的投資組合大幅改變一次的新人類，反而能擁有靈活而又穩固的職涯，面對風險也能化險為夷。

以上就是促使舊人類（＝過去的成功人才）汰換成新人類（＝今後的成功人才）的六項主要趨勢。

那麼，具體而言，這些趨勢會造成哪些人才條件的轉變呢？後面將會從「價值創造」、「競爭策略」、「思考方式」、「工作風格」、「職涯戰略」、「學習力」、「組織管理」等七大方面，來跟讀者們一起探討。

第二章

新人類的價值創造

從解決問題 ◀ 到設定議題

受社會高度讚賞。

反之，產量過剩的「解決問題」，在今後的社會中所得到的讚賞與報酬，也將不復以往。也就是說，過去得到高度讚賞的「問題解決者」，將淪為舊人類，急速失去其價值。如今，直指此種變化的象徵性現象，已經隨處可見。

MBA申請人數減少——「正確答案」正在量產化

舉例來說，二〇一八年十月，《華爾街日報》報導，美國的MBA報名人數，四年來連年下降。該日報還指出，包括哈佛、史丹佛等名校的報名人數，都出現了減少的趨勢，並以「Degree loses luster」（＝學位喪失其光環）來形容此種現象。[6] 這究竟是怎麼發生的呢？

不消說，商學院就是一個有系統地傳授，用來「解決」企管問題的知識與技術的場所。然而，正如第一章的主要趨勢中的論述，在正確答案愈來越量產的世界裡，「求出正確答案的能力」已無法獲得高度讚賞。

因為，即使某個個人或組織求出了「正確答案」，這個「正確答案」

6 https://www.wsj.com/articles/m-b-a-applications-keep-falling-in-u-s-this-year-hitting-even-elite-schools-1538366461

也將與其他個人或組織所求出的答案如出一轍。企業管理所追求的，是本質性的差異化，不管理論上再怎麼「正確」，只要和他人沒有差別，在「企業管理」的脈絡下，就是不可能成為「好答案」。[7]

二十世紀下半葉，因為擁有ＭＢＡ學位的人相對稀少，且市場上充斥著不滿、不安、不便之問題，所以ＭＢＡ學位持有人，才能在勞動市場上得到高度讚賞，獲得高額報酬。

此情此景，令眾人開始肯定ＭＢＡ學位的經濟價值，紛紛搶著擠進商學院就讀，於是ＭＢＡ學位持有人的數目，呈現中長期性的增長，最後造成現今商業上的解決問題能力，逐漸陷入供應過剩的狀態。

商品的價值，是由需要與供應的高低決定。在問題愈來愈稀少的世界裡，若解決問題能力供應過剩，「解決問題能力」的價值自然會下降。當時代朝著這個趨勢前進時，舊人類若繼續執著於「求出正確答案的能力」，就會快速地失去其價值。

7 https://www.wsj.com/articles/m-b-a-applications-keep-falling-in-u-s-this-year-hitting-even-elite-schools-1538366461

人工智慧造成雪上加霜——可廉價取得最頂尖的頭腦

「解決問題能力的過度供應」這項問題正在發酵的同時，人工智慧的普及，無疑使這項走勢雪上加霜。

二〇一一年，撰寫本書的八年之前，IBM的人工智慧「華生」（Watson）在美國知名的益智問答電視節目「危險邊緣」（Jeopardy!）中出賽，擊敗了身經百戰的長期衛冕者。益智問答節目所追求的，正是「求出正確答案的能力」，因此可以證明，在特定領域中，人工智慧「求出正確答案的能力」，已凌駕於人類最頂尖的智力之上。

針對這項說法，也許有人會反駁說：「華生非常昂貴，從成本效益的觀點來看，人類占有優勢。」誠然正如所言，「成本」的確是一大重點。一九六五年，NASA在其公布的報告書中，針對有人批評「為何要讓人類搭乘太空船」，做出了以下反駁：「人類是有能力進行非線性處理的最廉價通用計算機系統，而且重量僅七十公斤左右，非常輕巧。」

換言之，NASA以「輕巧、廉價、功能強」的理由，回答為何選擇讓人類而非計算機搭乘太空船。反過來說，只要「輕巧、廉價、功能強」，

圖2 在「危險邊緣」中出賽的IBM華生電腦

©VincentLTE

NASA也不會拘泥於對方究竟是人類還是人工智慧。而現在，「人工智慧比人類更廉價、功能更強」的時代正在來臨。

一九九七年，IBM的超級電腦「深藍」（Deep Blue），打敗西洋棋的世界冠軍。隔年，IBM便將「深藍」增強至五倍的處理能力，銷向一般市場。當時，其售價約為一百萬美元（約為一億日圓）但如今只要對大賣場販售的家用電腦，進行記憶體及硬體上的升級，便能擁有程度相當的計算能力。

換言之，經過短短二十年，原本要價一億日圓的人工智慧，就成了家電賣場也能買到的商品[8]。這正是「摩爾定律」（Moore's law）的驚人之處。

關於摩爾定律，雖有意見指出，目前半導體裝置的大小，已逼近原子尺度，所以在不久後將會抵達臨界點，但假設今後也會按照摩爾定律持續發展下去的話，那麼將會發生什麼事呢？

根據摩爾定律，積體電路上可容納的電晶體數目，每隔十八個月會翻倍一次，也就是兩年後是二．五二倍，五年後是一〇．〇八倍，十年後是一〇一．六倍，二十年後是一萬又三二一．三倍。

引用深藍的實例來看，一九九八年售價一億日圓的產品，到了二〇一八年，已降成幾十萬日圓，按此來計算，一億日圓的人工智慧，經過十年售價就會降至百分之一，也就是一百萬日圓即可入手。

華生在「危險邊緣」中贏得冠軍，是在八年前，二〇一一年的事。假設當時華生的價格是一億日圓，若按照摩爾定律來看，那麼我們就快要能以一百萬日圓，買到性能與華生相當的人工智慧了。

日本的法定最低薪資，換算成年薪的話，約為兩百萬日圓。只要花最低年薪的一半價格，就能購得特定領域中最頂尖級的頭腦。如此來看，應

8　有些人或許會（或會想）根據這項主張，直接判定「企業管理的時代已經終結」，但筆者毫無此意。需要留意的是，「學位的價值」與「學問的價值」不能混為一談。筆者反而認為，企業管理這門學問的本質，將會在今後變得愈來愈重要。

該不難想像將會造成多大的衝擊吧？

付出的費用遠比雇用一個人低，卻可以得到與人類最頂級的「解決問題能力」同等以上的能力。而且，這個頭腦不但能一天二十四小時持續運轉，還不必以升遷來維持其工作意願，也不會要求老闆放有薪假。

我想，狠得下心來裁光人類員工，用人工智慧加以取代的做法，對多數經營者來說都是有所抗拒的。但另一方面，每家企業都必須在市場的殘酷競爭中求生存，提升生產力關係著企業的生死存亡，豈容得下兒女私情。

當社會真的進入此種狀況時，「求出正確答案的能力」，就會變得極端供應過剩，於是人類的「求出正確答案的能力」，就會變得幾乎一文不值。時代演變至此，也只有典型的舊人類思考模式，才會依舊執著於「求出正確答案的能力」，把學校成績等的代表性條件，看作一切。

構思力的衰退導致「問題稀少化」

舊人類擅於「解開別人給的問題」，相對地，新人類則是能看出別人們只要朝著那個方向努力即可。國政與軍事上，主要是以德、法為範本；企業經營上，主要是以美、英為範本。日本只要比對這些範本，找出自己明顯的不足之處，將差距補齊即可。這也意味著，日本無論在社會或組織上，這些領袖長期以來都不需具備構思願景的能力。

我在前面曾說過「問題即差距」，也就是說，過去在日本，「問題」就像是一種天然資源，不需努力找尋，也會源源不絕地湧出。只能說當時的我們非常幸運。

自七世紀的遣隨使時期，至二十世紀下半葉，日本向來只要比對自己與海外先進國家之間的差距，便能明確看出「問題」為何。這種「幸運狀態」持續了千年之久，但一九八〇年代後，情況發生轉變，使我們陷入窘境。

這個時期，再怎麼對照歐美的企業及社會，日本也無法再從中汲取出任何明確的差距。美國社會學家傅高義（Ezra Feivel Vogel）所撰寫的《日本第一》（*Japan as Number One: Lessons for America*），在一九七九年成為全球暢銷書。所謂「第一」，就是「前頭無人可追隨的狀態」。這是日本有史以來，首次進入此一狀態。雖然鮮少有人指出這一點，但我認為，這個時期是日本史上的一個決定性的轉捩點。

政治學家丸山真男在《日本文化隱而不顯的形貌》（日本文化のかくれた形）一書中指出，日本民族的基本態度就是「東張西望」。也就是總是認為有更優越的文化存在於自己之外，認為「好的東西」都是來自外部。

縱觀日本的思想史，你不會看見在猶太教社會或基督宗教社會中，所存在的一貫「內含」，但卻有著一貫的「模式」——「囫圇吞棗、毫不批判地向外來事物看齊」的文明受容態度。

正因如此，我們的社會才會一直高度讚揚著「能解開問題的人」。因為「問題」取之不盡、用之不竭，只要將其解決，就能帶來一定程度的富饒。

然而，今後「解決問題能力」只會益發廉價且供應過剩，而「問題」則會愈來愈難尋覓。當社會演變至此，「能發現並提出問題的人」（＝新人類）將會比「能解開問題的人」（＝舊人類）得到更高度的讚賞。至於，如何成為發現並提出問題的新人類，關鍵也就會落在「構思社會與人類應達成之樣貌的能力」上。

新人類重整理

自史前時代至二十世紀下半葉，我們的日常生活中存在諸多「不滿、不便、不安」，只要解決這些問題，就能創造巨大財富。然而，二十世紀下半葉以降，我們的生活中漸漸看不出什麼大問題，於是解決問題的能力，便相對落入「供應過剩」的狀態。

受此影響，過去得到高度讚賞的「問題解決者」，今後將淪為舊人類，急速地失去其價值；反之，「發現並提起問題的議題設定者」，則會以新人類之姿竄起，獲得高度肯定。

所謂問題，可定義為「應有狀態」與「現有狀態」之間的差距。現在進行式的「問題愈來愈稀少」的問題，其實就是肇因於，我們對根本性的「應有狀態」的構思能力之退化。

新人類是先構思「應有狀態」，再從「應有狀態」與「現有狀態」的落差中找出「問題」，以釐清人們應該努力處理的「問題」為何。

由於競爭力的來源，從「解決問題能力」轉至「發現問題能力」上，因此日本企業大受影響。日本的「應有狀態」為何？這個問題過去源源不絕地自外部採擷，現在卻變得模糊難辨，所以今後日本人必須自己構思出自己的「應有狀態」。

圖3 何謂創新？

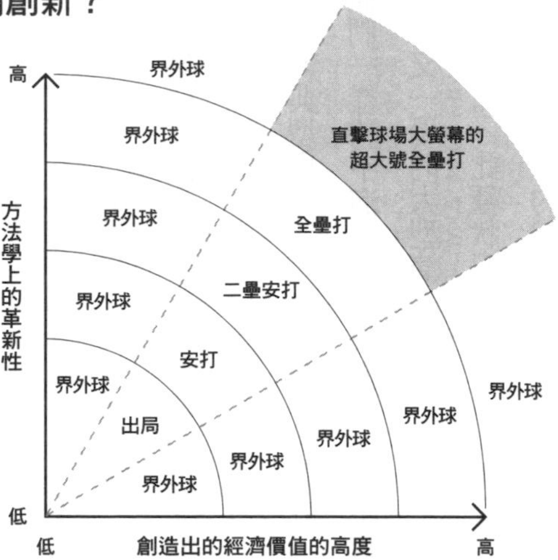

創新的定義極為混亂，坦白說，目前並無明確定義。若綜合眾多經濟學家與實務工作者的定義從中取出最大公因數，那麼創便可集約成以下兩點：「方法學上的革新性」與「創造出的經濟價值的高度」。

若將這兩項要件，看成是棒球場的左右兩翼，那麼所謂創新，就是在商業行為的球場上，打出一支「直擊球場大螢幕的超大號全壘打」。

無論方法學再怎麼具革新性，如果創造出的經濟價值很小，這項努力就無法冠上「創新」之名。比如說，被譽為世紀大發明，最後卻赤字連連，一次也沒能獲利的電動平衡車「賽格威」（Segway）；又或，最初大受期待，結果卻沒有創造出經濟價值的、全球最早掌上型電腦「蘋果牛頓」（Apple Newton），都是其典型例子。

反之，創造出的經濟價值再高，只要方法學上不具革新性，還是無法冠上「創新」之名。任天堂的 Wii 和成衣業的 Uniqlo，雖然都在經濟上大獲成功，但若要問人「這些算是創新之舉嗎？」恐怕很多人會無法苟同吧。

從結果來看，能不能被「認定」為創新，關係到是否同時具備上述兩要件，而此時便會產生兩個問題。

第一個問題是，兩翼之一的「經濟價值的高度」，無法在事前得到確定，因此是不確定性極高的要件。在事業經營上，任何人都想把事業做大，但實際上，經營事業所創造出的經濟價值高低，受到景氣與競爭狀況等外來因素影響甚大，因此無法在事前確切地預測。換言之，這是一項無法駕馭的要素，無論建構出再精緻的方法學，原理上都是無法掌控的。

另一方面，回顧過去的創新之舉，其規模多半都只是「事後」得到的，絕大部分都不是一開始就對其抱有確切的期待。舉例來說，索尼曾推出於全球熱銷的 Walkman 隨身聽，在研發時有一段著名的插曲：當時的業務部總經理以「看不出有量販潛力」為由，堅決反對生產。

另外，一九八七年創業的美國製藥公司吉利德科學，如今已成為營業額進入全球前十大的超大型製藥公司，但他們最初專門製作的是，大家公認「賺不了錢」而不願開發的抗病毒藥物，結果卻大獲成功。[11]

各位看出其中的矛盾之處了嗎？在實現創新時，只要將「經濟價值的高度」列入考慮，主事者就會避開銷售規模難預測的專案。然而，創新之路上必然伴隨著不確定性，若將銷售規模列為重要條件，那些有可能成為「黑馬」的創意，就會在無形之中被捨棄。

第二項問題是，兩翼的另外一翼——「方法學上的革新性」。從定義來看，它是用來評估「方法」的指標。以方法好壞為目的，本來就是本末倒置，而且這還關係到一個更根本的問題，那就是「我們為何工作」。

我們之所以著手事業，為社會帶來改變，是因為我們希望藉此創造出本質上的富饒，或者解決社會議題。對一個事業而言，真正重要的是能否達成目的，至於是否用了嶄新的方法學，根本無足輕重。說得極端一點，哪怕是用魔法、是用忍術，只要能達成目的，就是好方法。[12]

但「創新」定義中的其中一項主要條件就是方法學。這會產生一種現

11 https://answers.ten-navi.com/pharmanews/13709/

12 身為獨立技術顧問的西堀榮三郎先生，曾為日本飛躍的工業發展做出貢獻。他就對自己的下屬說過：「用忍術也行。」領導者的工作是「設定議題」，至於解決議題的方法，應該全權交給下屬——這就是西堀先生一路走來所貫徹的企業管理方針。

象：當我們將名為「創新」的手段設定成目的後，能使用的方法也會受到局限。這樣又會造成什麼問題？問題就在於「方法學的選項」會被限縮。

在商業經營上，「選擇的自由度」是攸關存亡的重大問題。正因如此，在金融理論中，「選擇權的自由度」是具有經濟價值的，即所謂的選擇權價值（Option Value）。但從「創新的方法學」一詞的語意來看，它反而對提供價值的方法學，造成了限制。這就是第二個問題點。

換言之，創新與否是「根據結果判定」，我們無法從一開始，就以此做為努力的目標。

再以前述的棒球為例，這就像是打者站上打擊區時，只先能以「打出安打，離開本壘」為目標，以數學術語來說，就是「提高得分的期望值」。只要安打的次數愈多，打出場外全壘打的機會自然會跟著增加。但若一開始的目標就只有全壘打的話，那麼恐怕連正常的安打，都打不出來。

開放式創新停滯不前的理由

這個問題也可解釋，為何前一陣子引發風潮的開放式創新，會在許多組織中停滯不前。

簡單來說，開放式創新是一種，向組織外部徵求解決之策，以解決組織內部問題的機制。光聽這個說明，大家可能會覺得這種方法一定有其成效吧？然而，最後還是雷聲大雨點小，到現在都沒傳出任何顯著的成功案例。這裡頭到底藏著什麼樣的課題呢？

翻閱過去的研究論文，會發現研究者提出一些表面性的課題，例如「不允許失敗的人事制度成了阻礙」、「缺乏推動開放式創新的人才」等等[13]，但就算解決了這些課題，恐怕還是無法為開放式創新，打開成功的大門。

因為開放式創新是用來回答「問題」的，但目前正處於「問題」枯竭的狀態。開放式創新的概念是，借用外來的知識與經驗，回答自己無法回答的問題。此時，設定問題（議題）的，是自己內部的人，外部的人只負責提供解決方案。

然而，現今許多組織，往往連「應該找出解方的問題（議題）」是什麼，都還搞不清楚。在想解決的議題不明確之下，反覆尋找著「有沒有什麼可以發大財的好主意」——這就是開放式創新在多數企業中的實情。這是舊人類的典型思考模式。若不先設下一個引發大眾共鳴的議題，無論再

13 摘自《開放式創新白書 第二版》（オープンイノベーション白書 第二版）。

怎麼向外廣徵創意和技術，也不可能創造出打動人心的產品。

反之，新人類追求的，則是「發現並解決重大議題」。因此，對新人類而言，開放式創新僅僅是一種手段，而非目的。然而，許多企業將「實現開放式創新」當成企業目標，忽略了自己「想要解決的議題」究竟是什麼。錯把手段當目的，一味追求創新，這就是典型的舊人類思考模式。

賽格威為何會失敗？

新人類是以「設定有潛力的議題」為起點，推動創新的實現。換言之，重點在於「設定議題」。按此道理，我們又能推導出一個結論：創新若只在於一味追求最尖端技術，最終也難成大器。

不可諱言，科技的革新能讓市場上萌生巨大商機，但在基本生活需求皆已得到滿足的現代，若看不到明確的重大問題（＝議題），那麼無論再怎麼追求最新科技，也發展不出帶來巨大財富的商業。

這些因果關係，其實稍加思考就能明白。但到了二十一世紀初時，這項事實才清楚明白地攤在我們眼前。其中最著名的案例，就是被大肆吹捧為「世紀大發明」，最後銷量卻毫不起眼的賽格威。

賽格威讓許多「慧眼獨具」的投資者，也被擺了一道。史帝夫・賈伯斯在看過賽格威的樣品後，讚不絕口地說：「這是自從個人電腦發明以來，最令人驚艷的科技產品。」並有意取得其百分之十的股份。當他遭到拒絕後，竟又破天荒地拜託發明者讓他擔任顧問，而且分毫不取。

不止賈伯斯，亞馬遜的創始人傑佛・貝佐斯（Jeff Bezos），看過樣品後也對其著迷不已，而且立刻展開相關合作，還替發明者背書說：「這是一項革命性的產品，推出後一定大熱賣。」

不僅如此，準確地在Google等多家企業的投資上大獲成功的傳奇投資家約翰・杜爾（John Doerr），也在賽格威上投入了八千萬美金的巨額資金，不但公開預測「該企業將以史上最快速度達到十億美金銷售額」，還斷言其影響力「將更勝於網路的出現」。

我們當然也可將這些言論，看作是一種帶動買氣的媒體操縱，因為他們自己參與了該事業，身為利害關係人，當然會說出有利於自身利益的預言。因此，他們對賽格威的真實預測為何，我們不得而知。

但無論如何，這項產品與多數人的預測大相逕庭，過了十年仍沒有轉

圖4 被譽為世紀大發名的「賽格威」

©Andreas Geick

虧為盈的跡象，也沒有為社會帶來改變。

賽格威確實是一項劃時代的產品。我本身也曾騎乘過賽格威，我承認產品帶來的震撼，真的會令人感到「未來的交通工具」就在眼前，觸摸到它也會教人興奮雀躍。然而，最終社會並沒有接納這項產品。

最後我們只能說，賽格威是一項「尚未釐清自己要解決何種問題的產品」。無論使用的科技再怎麼先進，如果不能用來解決某種社會議題的話，這項創新之舉就無法創造出重大價值。這就是賽格威讓我們看清的事實。

此事又再次將舊人類和新人類的對比展露無遺。過去，因物資缺乏，社會上充斥著各種問題，我們非常需要利用科技與創新，技術性地解決我們的讓步與妥協。但如前所述，今日社會則是解決方案過剩，關鍵的「解決方案所要化解的議題」反而日漸稀少。當社會演變至此，一味追求高科技導向的創新之舉，就只能成為過時的舊人類的思考及行為模式而已。

反之，新人類的思考及行為模式，不會執著於創新或科技這類手段。時時刻刻都像雷射般，將精神聚焦在「想解決的課題」上，而非手段上，這正是新人類的特質。

新人類重點整理

創新的停滯是源自於「問題愈來愈少」。若無法提出好的問題，也就無從推出創新之舉，當作解決方案。

沒有任何一位創新者，是為了創新而實現創新之舉的。他們腦中一直都存在著具體的「想解決的議題」，只是恰好用了一個劃時代的方法解決，結果這個方法被冠上了「創新」之名。

創新必須由好問題的設定與嶄新的解決手段相互搭配才能成立。但這只是一種對結果的詮釋。從一開始就將創新設為目的，是舊人類的思考模式。

開放式創新的停滯，也關係到了「議題」匱乏的問題。在議題不明確的狀態下，再怎麼專心致力於追求解決方案，也無法從中創造巨大商機。

新人類的思考模式，真正執著的是「議題的設定與解決」。只要從方法學來看是劃時代的，同時，創造出的經濟價值是巨大的，那麼世人就會稱之為「創新」。但是只有舊人類的思考模式，才會從最初就以創新為目的展開活動。

3 不是預測未來，而是「構思」未來

舊人類將重點放在「解決問題」，
是因為他們以為未來可以被預測，但其實我們無法預測未來，
所以新人類的最佳做法是積極「構建未來」。

舊人類 被動預測未來

新人類 主動構思未來

為何沒有人事先預測出會發生如此大規模的經濟危機？[14]

（二〇〇八年，英國女王在全球金融海嘯如火如荼之際，前往倫敦政治經濟學院拜訪時所言。）

——伊莉莎白二世

此刻的風景是每個人決策的累加

在問題愈來愈稀少的世界裡，「構思未來的能力」將會變得價值非凡。

14 面對英女王提出的疑問，在場的經濟學家個個啞

因為，所謂問題，是指「應有的樣貌」與「現狀」之間的落差，要想像出「應有的樣貌」為何，就必須擁有「構思未來的能力」。

然而，近年的商場上，人們只顧著討論「未來將會怎樣」（＝預測），而不去思考「我們要使未來變成怎樣」（＝構思）。這一節就要跟各位探討這個問題，也就是關於「預測與構思」的問題。

請先參閱下一頁的圖5和圖6。一九七二年，計算機科學家艾倫・凱（Alan Kay）[15]所發表的論文〈A personal Computer for Children of All Ages〉中，就是以這兩張圖來說明「Dynabook」的概念。[16]

看完這兩張圖，可能許多人會想說：「太強了，竟然在半個世紀前就預測到未來會出現平板電腦！」然而，這種詮釋方法完全錯誤。

艾倫・凱畫下這兩張圖，並非為了預測未來。他是在思考「若是出現這樣的東西該有多好」，並將他的想像具體勾勒出來。接著，他的想像又啟發了許多人。換言之，艾倫・凱所做的事，是「構思」而非「預測」。

智庫、管理顧問公司的顧客，經常會做關於「預測未來」的諮詢，也就是要求智庫、管理顧問公司調查「未來將會如何？面對那樣的未來，該做好什麼樣的準備？」筆者個人認為，這一類的調查委託，實在荒謬

口無言，但事後他們將問題的答覆整理成一封致女王的信。信中談及各個方面，但簡而言之，原因似乎是「當初太大意了」。https://economistsview.typepad.com/economistsview/2009/07/why-had-nobody-noticed-that-the-credit-crunch-was-on-its-way.html

15 美國的計算機科學家、教育家、爵士樂演奏家。也有人將他譽為個人電腦之父。在物件導向編程和用戶界面設計的開發上，做出了先驅性的貢獻。他還曾說過一句名言：「預測未來的最佳方式，就是發明未來。」

16 https://www.vpri.org/pdf/hc_pers_comp_for_children.pdf

圖5 使用Dynabook的想像圖1

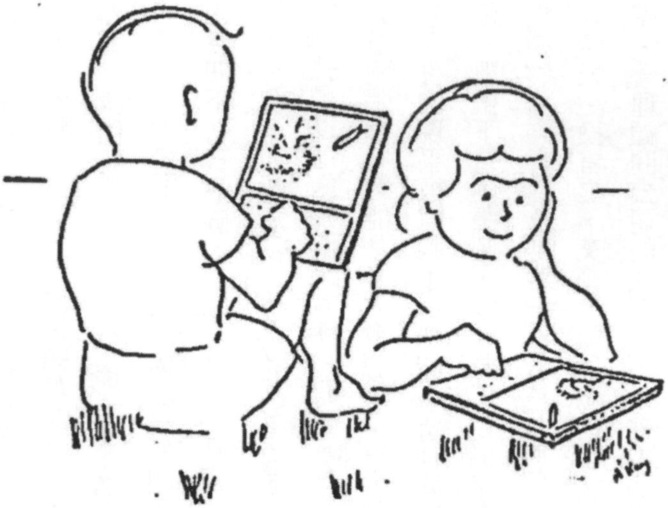

圖6 使用Dynabook的想像圖2

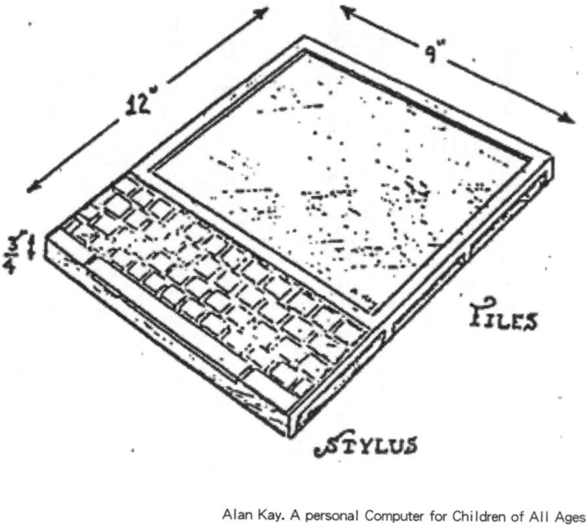

Alan Kay. A personal Computer for Children of All Ages ©Alan Kay

至極。[17]

在如此VUCA的世界裡，請人代為預測未來，傳授「趨勢與對策」，就如同聽補習班老師考前猜題、解題一樣。這種典型的舊人類世界觀的做法，只能說是見識淺薄。

反之，新人類的世界觀，重構思而不重預測。新人類思考的是「我們要使未來變成怎樣」，而非「未來將會怎樣」。

我們眼前所見的世界，並非由許許多多的偶然累積而來。而是每個人在每個地方，做出的決策的相互累加，最後形成了世界此刻的景色。同樣地，世界未來的景色，也是取決於每個人從此刻到未來的每個瞬間，所做的每一件事。

既然如此，那我們真正要思考的問題，就應該是「我們要使未來變成怎樣」而非「未來將會怎樣」。

約瑟夫·博伊斯（Joseph Beuys）是活躍於二十世紀下半葉的藝術家，曾提倡「社會雕塑」（Soziale Plastik）的概念。他認為每個人都應當成為一名藝術家，透過自身的美感與創造力，為塑造這個世界，貢獻一己之力。

如果我們都在透過自己的願景，對塑造世界貢獻一己之力的話，那麼許多

17 順帶一提，根據筆者在管理顧問業界的二十年經驗，印象中，委託管理顧問公司預測未來的企業，常常在之後便遭到併購，或者業績急速下滑。

人正在分析、正在相信的那些預測，還能擁有什麼意義？

請容我再次重申，現在這個VUCA的世界，複雜而又不透明，只有還在奉行舊人類的世界觀，才會想根據預測，思考自己該如何應對。一個人若擁有新人類的世界觀，他就會構思未來，並為實現那樣的未來而提出意見，採取行動。

愈是重大事件，預測愈會出錯

讓筆者再舉第二項簡單明瞭的理由，來說明為何「預測了也沒用」。那就是因為「我們的預測一定會在重大事件上出錯」。

比方說，近期的典型例子，就是二〇〇八年的全球金融海嘯。次級房貸的問題，是在二〇〇七年的夏季，清楚地浮出水面，讓我們回顧一下各金融機關與智庫，在那之前所做的預測：

IMF（國際貨幣基金組織）（二〇〇六年四月公布）

雖然金融市場在之前呈現出暫時性的混亂，但二〇〇七、二〇〇八年間，預估全球經濟仍將維持高度成長。美國的經濟成長，雖然會比預期的下修，但對其他國家的影響仍是有限的，預計全球經濟將會持續向上成長。[18]

第一生命經濟研究所①（二〇〇七年五月公布）

雖然我們身邊有愈來愈多經濟指標，暗示景氣成長正在減緩，但這種減緩只是輕微的，景氣復甦的大方向不會改變。預估海外景氣的減緩、IT部門的庫存調整②，都只是暫時的。此外，設備投資雖然也在減緩，但向上趨勢仍十分穩健。[19]

三菱UFJ調查與管理顧問（Mitsubishi UFJ Research and Consulting Co., Ltd）（二〇〇七年五月公布）

在輸出及個人消費的擴大帶動經濟成長的同時，內需的主軸之一的設備投資，比上一季減少〇・九%，是五季以來首次呈現負成長。（中略）但今年下半年，景氣將再次加速成長。美國經濟成長的減緩，反而會對日本的輸出產生正面影響。數位相關商品的庫存調整將得到舒緩，生產將逐漸擴大。[20]

---

18 https://www.imf.org/external/pubs/ft/weo/2007/01/jpn/sumj.pdf

① 日本第一生命保險的智庫。（編按：圓形數字框之註解為譯註）

② 指因應庫存過剩，做出縮減產量或降價出售等的處置。

19 https://www.dai-ichi-life.co.jp/company/news/pdf/2007_009.pdf

20 https://www.murc.jp/report/economy/archives/economy_prospect_past/short_past/er_070521/

相關例證不勝枚舉，暫且在此打住。要言之，各家做出的結論都是「這幾年來的景氣擴大趨勢，之後仍會持續下去」。然而，二〇〇七年夏季，金融海嘯以次級房貸問題揭開了序幕。換言之，當問題即將爆發，所有狀況來到崩壞邊緣時，多數智庫與金融機關，仍做出了「安啦，不用擔心」的預測。

這種事雖然在我們的歷史上一再重演，但想聽「預測」的人，依舊絡繹不絕。這究竟是何道理呢？

現在又比過去，更進入一個難以預測的VUCA的時代。即使身處這樣的時代，仍有人要根據「預測」決定該採取何種行動。這種不符合時代的舊人類行為模式，只會讓自己「被先發制人」，步步落入後發劣勢中。

反之，新人類的行為模式，則是面對環境變化，也能「先發致勝」，在先發優勢中，自由自在地為社會帶來改變，讓情勢的發展更加順利。

必須謹記的是，我們周遭的環境，多半都是因為某人在某處，率先採取行動而帶來改變的，並非像天氣般會自己產生變化。

理論上我們不可能「預測未來」——連人口都預測不準的原因

任職於策略管理顧問公司時，我自己也參與過不少「預測未來」的專案。當時我就一直覺得，這種「預測未來」的行為，存在著本質上的弔詭。因為，追本溯源，我們的想法是，萬一發生「預測不到的事」，情況將難以掌控，所以才會想預測未來。如果未來都只是順著近幾年的狀況延續下去的話，就不會有人需要預測未來了。

然而，所謂「預測不到的事」，不就是我們無法預測的事情嗎？如果能讓我們預測到的話，那就已經不是「預測不到的事」了。

經營上的預測未來，使用的是「情境規劃法」（Scenario Planning）。這種未來預測法，是著重於「過去發生過的最糟事件」，藉此訂定「最壞的情境」（Worst-case Scenario），再利用該情境來評估未來風險。也就是所謂「壓力測試」（Stress Testing）的風險管理法。讀到這裡，你是否也已發現藏在這種做法中的「本質性矛盾」？

沒錯，過去所發生的「最糟的事件」指的是，該事件在當時是一個前所未有的事件，比當時已知的「最糟的事件」還要更糟。

結果到了一九六五年，反而迎來了嬰兒潮，人口不減反增。

相較之下，人口變化有詳實的統計數字作為基礎，要預測未來走向比較容易，但我們連在這方面都預測得七零八落，更何況是預測其他方面的變化。其中的典型例子，就是智庫和管理顧問公司所做的「預測未來」。

一九八二年，當時全美第一大的電話公司ＡＴ＆Ｔ，向管理顧問公司麥肯錫提出委託，要求他們「針對二〇〇〇年的行動電話市場規模進行預測」。對於這項委託，麥肯錫提出的最終答案是「九十萬支」，結果市場規模輕鬆突破一億支，證明預測錯得離譜。

一九八四年，當時身為ＡＴ＆Ｔ負責人的查爾斯・布朗（Charles Brown）執行長，根據這荒唐的建議，做出了一項致命性的經營決策——賣掉他們的行動電話事業。此後，ＡＴ＆Ｔ沒跟上行動通訊的潮流，經營上出現困難，最後被ＳＢＣ併購而消失。諷刺的是，併購他們的ＳＢＣ，正是當初被他們切割出來拋售的集團企業。[21]

那項預測，想必是他們付出了龐大的調查費用，聘請了超頂尖的研究員，才入手的，但實際情形卻是相差了十萬八千里。因為管理顧問公司有保密義務，所以這一類難看的專案結果，通常都不會公諸於世。但筆者長

21 https://digital-stats.blogspot.com/2014/07/mckinsey-company-profected/that-there.html

年從事相關工作，在我的印象中，這類悲劇（滑稽劇？）可說是「屢見不鮮」。

這當然不是管理顧問公司的能力或預測模型有問題，而是如前所述，對於非連續性的變化，專家的預測「在理論上理所當然會出錯」。

老想著人工智慧將會取代哪些工作也無濟於事

我們應該構思未來，而非預測未來——這項主張也可用以因應近來人工智慧所造成的恐慌。

近年，各種評論家及研究機關都在預測「下個被人工智慧取代的職業將是什麼」。比方說，二〇一三年，牛津大學的副教授麥可．A．奧斯本尼（Michael A. Osborne），與其研究團隊逐條列出了「容易被人工智慧取代的職業」，並公布其分析結果為「二十年後，百分之四十九的美國雇員將被機器所取代」。

他們條列出的清單本身，十分耐人尋味，但這種預測既不準確，又只會製造恐慌，因此就不在此多做評論。這裡想跟大家討論的是，提出這項

「問題」背後的基礎，有多麼站不住腳。

人工智能是可廣泛使用在各個領域的高科技產物，現今，這種技術正日趨實用化，而我們真正需要提出的問題，反倒應該是「人類得到人工智慧後，能為我們的未來帶來什麼樣的可能性」，甚至是更進一步再問「透過科技我們可使人類進化到什麼程度」。

不可諱言，從過去的歷史來看，科技進步帶來的影響，功過參半。雖然有些人的用意是在指出科技的危險性，以期對科技進步的失控或社會配備的過度強化，形成牽制效果。但這類努力在歷史上，皆以失敗告終，無一倖免。

換言之，我們無法對科技的演進踩下煞車。既然如此，我們就只能樂觀以對了。面對只會持續演進下去的人工智慧，束手無策地預測著「誰的工作將會被剝奪」，把自己嚇個半死，根本是無濟於事的做法。進行徒勞無益的預測，又因預測患得患失，這樣的舊人類只會被環境變化牽著鼻子走，拱手讓出人生中先發致勝的機會。

反之，新人類則會思考，如何利用不斷演進的科技，解決今日社會的議題，因而能將環境變化化為轉機，大大地開創出社會的富饒。

新人類重點整理

預測未來的真正目的，正是為了提早看出「決定性的事件」，但我們過去做的未來預測，多數都在「決定性的事件」上紛紛出錯。這並非預測技術的好壞問題，而是預測行為本身所存在的理論缺陷，造成的結果。

以往的預測，一遇到決定性的事件便紛紛出錯，同樣地，我們現在做出的諸多預測，恐怕也是如此：風調雨順時，就能準確預測；遇到決定性的事件時，就會預測出錯。

目前，企業在制訂經營計畫時，一般的做法是，先預測環境變化，再計畫企業如何因應變化採取行動。但在日趨VUCA化的世界裡，這已淪為舊人類的思考模式。

另一方面，新人類的思考模式是，先構思未來，再以實現未來構思為目標，帶動周遭一起採取行動。新人類懂得掌握先發優勢，所以對他們而言，未來必然「一如預期」；反之，舊人類總是預測未來，被預測牽著鼻子走，對他們來說，未來便總是教人「晴天霹靂」。

第三章

新人類的競爭策略

能力會隨著「意義」增強

從有用處 ◀ 到有意義

也就是說，凱恩斯的預言成真了，長期困擾人類的「不滿、不安、不便」的重大問題，現在只需要用一天三小時的勞動時數即可解決。剩下的時數，其實都陷於「虛業勞動」中，創造不出任何實質價值。

這個假說聽起來或許唐突，但細細品讀凱恩斯的論文就能感覺出，說不定凱恩斯本身也已預期到，發生這種狀況的可能性了。以下摘錄其中一段內文：

但仔細想想，若知道即將來臨的是一個充滿閒暇的時代，恐怕任何人或任何國家，都會抱有恐懼吧。我們人類長久以來，一直被教育成必須拼命努力，沒有人教過我們要如何享受生活。尤其對並非才華出眾的平凡人來說，該如何度過閒暇時間，將會是一個恐怖的問題。

——約翰．梅納德．凱因斯〈我們孫輩的經濟前景〉

筆者在讀到這一段時，覺得凱因斯似乎已預測到，當一天工作三小時的時代來臨後，社會將會為了許多耐不住空閒的人，創造出「沒有結果的工作」填補過多的時間；於是許多人又耐不住那些工作的「徒勞無果」，而患上精神疾病。

第一章提及的主要趨勢「狗屁工作的蔓延」，就是在此背景下形成。這個趨勢似乎在全球益發嚴重，比方說，倫敦政治經濟學院人類學教授大衛．格雷伯（David Graeber），就在二〇一八年的著作《40％的工作沒意義，為什麼還搶著做？》（商周出版，二〇一九）中指出，「這世上過半數的工作，都是毫無意義的狗屁工作」。

工作動力是愈來愈稀少的經營資源

筆者在上一節提出了一項假說：我們的多數勞動，都淪落為創造不出實質價值的狗屁工作。其實許多組織的研究調查，都在指向這個結論。以蓋洛普民調為例，這是一間調查公司員工意識的權威性組織。其民調中，針對「對工作的態度是否積極」一問，全球只有平均百分之十三的僱員回答「積極」。[22]

此外，日本最大的人力資源公司 Recruit Career，也做過「工作喜悅度

22 https://news.gallup.com/poll/165269/worldwide-employees-engaged-work.aspx

系統的世界觀是，將人類發揮的能力，看成是靜態的。

這種世界觀有什麼問題呢？因為人類發揮出的能力、職能，是會隨著被賦予的「意義」，而有巨大的高低起伏。能力或職能並非靜態，而是動態的，會隨著所處的文本脈絡而大幅改變。在未賦予任何「意義」的狀態下，評鑑一個工作意願尚未被激發的人，當事人發揮出的能力及職能，當然會被低估。

近年，在任何組織裡，都能看見主管層級的人物，抱怨現在的下屬既散漫又不中用，但這是典型的舊人類思考模式，真正該抱怨的應該是他們自己為何「無法賦予下屬『意義』，激發其工作意願」。

新約聖經中已展現出「意義的力量」

一個人有了意義後，就會判若兩人。能充分證明此事的，是新約聖經福音書中的故事。福音書的故事含有各式各樣的啟示，其中一項最大的啟示，正是「在被賦予意義後，一個人就能脫胎換骨」。

以彼得為首的耶穌十二門徒，在耶穌生前根本就是一群一無是處的窩

圖7 耶穌與十二門徒

The Last Supper Restored - Leonardo Da Vinci

囊集團。他們曾互相爭論門徒之中誰最偉大，結果被耶穌教訓了一番[24]，真要等到耶穌被捕、被處刑時，不僅沒一個人敢站出來幫助耶穌，還一個個腳底抹油，逃之夭夭。[25]簡直就是傳說中的「豬隊友」。

然而，當耶穌復活升天後，這些門徒竟搖身一變，化身為一群擁有鋼鐵意志的宣道集團。沒有他們的行動，當時被禁的基督宗教，就不可能一口氣在羅馬社會中傳播開來。若果真如此，今日世界的樣貌肯定會大大不同。

簡言之，正因有了這群「沒骨氣的門徒」，才讓基督宗教奠

24 馬可福音第九章三十四節，或路加福音第九章四十六節。

25 馬太福音第二十六章五十六節。

愈好」的量能來說，千禧世代的水準反而更高，只是他們展現這種量能的方式與方向性，與以往不同而已。

一九八〇年以前，現在的年長者都還是年輕小夥子，那個時代「產品」稀少而「意義」充足。相反地，如今已成了一個「產品」過剩而「意義」稀少的時代。

也就是說，無論在哪個時代，那個時代的「年輕人」都會渴望追求「該時代所缺乏的事物」。在這個產品充斥而意義枯竭的社會裡，年輕人無法對「產品」產生渴望，是再理所當然不過的。

當時代演變至此，不賦予任何意義，只想拿金錢和物質當作胡蘿蔔，控制他人行動的做法，已淪為典型的舊人類管理教材，今後將無法發揮作用。反之，新人類的管理典範，則會給出明確的「意義」。新人類會從宏觀的角度揭示遠程的「意義」，並提出近程應達到的目標。

以消弭戰爭為願景的廉價航空公司

進入二十一世紀後，許多讓嶄露頭角的公司，都定出了明確的「使命」，這是因為他們也明白，當今世界若想吸引有才華之人，讓他們徹底發揮潛力，公司的「意義」至關重要。

比方說，最著名的例子是，Google的使命為「匯整全球資訊，供大眾使用，使人人受惠」；而史帝夫．賈伯斯也曾被問及蘋果電腦的使命為何，他的回答是「製造人類心智的腳踏車」。[27] 也就是說，當他們在面對「這間公司為什麼而存在」的「提問」時，都給出了明確的「意義」。

這並非Google和蘋果電腦這類走在時代對尖端的ＩＴ企業，才能企及的高度。即使是固有產業，也有可能替自己的存在，賦予特殊意義。

比方說，在百家爭鳴的ＬＣＣ（low-cast carrier，廉價航空公司）中，展現其獨特魅力的日本樂桃航空，就是一例。原本任職於全日空，而後轉任樂桃執行董事的井上慎一，曾在創業之初與筆者有過對談，當時筆者冒昧地提出了一個問題：「樂桃這間公司是為什麼而存在？」井上執行董事露出了一副「正在等你問啊」的表情，從容而又毫不猶豫地答道：「山口先生，我們是為了讓戰爭消失呀。」

廉價航空公司和世界和平，實在很難做連結。正當筆者感到困惑時，井上執行董事便解釋道：

27 https://www.brainpickings.org/2011/12/21/steve-jobs-bicycle-for-the-mind-1990/

「過去，日本與亞洲許多國家間，不是發生了很多不幸的事嗎？為了不讓那樣的事再次重演，所以我希望能為大家製造出朋友遍布世界各國的狀態。因此，我希望大家能趁著年輕多出國，多接觸各種文化，在世界各地結交大量朋友。如何才能做到這件事？那就是需要一間航空公司，讓經濟能力低的年輕人也搭得起，又能飛到世界各個國家。樂桃要做的就是這件事。」

非常簡單明瞭的「意義」。正因有這層意義，在面對「降低成本」、「增加航線數量」的經營課題時，員工才不會感到被剝削，反而能不斷激發創意和巧思。因為「降低成本、增加航線」，雖然是「量化的目標」，但背後卻存在著一個實實在在的「意義」。

如今，在日本廉價航空業界，樂桃被稱為「唯一的勝利組」，井上執行董事所標榜的「意義」，應該也是其中一項致勝因素。如前所述，三項經營資源「人、財、物」中，不同於「財」與「物」，「人」專屬的特徵就是「可變性」。

「財」和「物」的數量一旦確定，就不會再改變，但「人」會隨著被賦予的「意義」的充實度，而大幅改變自己所釋放出的量能。在行業型態上，廉價航空公司有必要極嚴格地管理其經營資源。此種業種中，倘若有一個能提出明確「意義」的領導人，出現在某個組織裡，這個組織的表現就能大幅超越其他公司。這就是樂桃為我們帶來的重大啟示。

企業的競爭優勢，來自於包括成本、速度等的各種因素，但在「意義」枯竭的今日社會中，組織所提出的「意義」，正逐漸成為吸引員工與顧客的競爭優勢泉源，對組織的競爭產生重大影響，這正是所謂的「目的優勢」（Purpose Advantage）。

過去，日本領導人領導員工的主流做法，是僅靠營業額、生產率等的「死目標」，例如KPI，來鞭笞員工向前。當時代演變至此，這種舊人類領導人已無法帶動組織的動力與創造力。反之，新人類領導人則是能明確提出遠程的工作「意義」，以激發組織的動力與創造力。

新人類重點整理

當今，生產率雖已提高，勞動時間卻依舊不減。其原因可能為，大部分工作都淪為不具實際意義的「狗屁工作」。可做為佐證的是，各個組織的調查皆顯示，許多人都無法在自己的工作上，感受到「價值」或「意義」。

人力資源是具有可變性的。我們往往將人類所發揮的能力視為靜態，但實際上，人的能力會隨著被賦予的「意義」，產生大幅的漲落。因此，能賦予意義的新人類，便能激發出組織的巨大潛能。

現今社會，在人、財、物之中，最寶貴的資源就是「人的工作動力」。當世界演變至此，懂得賦予意義、激發他人工作動力的新人類，就能提升組織的競爭力；反之，總是依賴目標和ＫＰＩ來提高生產率的舊人類，則會損及員工的工作動力，拖累組織的表現。

比起其他世代，千禧世代在工作的選擇上，更加重視「意義」，而今後千禧世代將逐漸成為組織中的主要戰力。如此看來，在激發組織潛能這點上，懂得賦予意義的新人類，與只知訂定目標的舊人類，將會產生懸殊的差距。

有些人認為，只有特殊的行業或天才型經營者，才有辦法找出「意義」，但這種想法是錯誤的。即使在傳統性的固有產業中，新人類也能利用自己的構思力與美感，提出振奮人心的意義，激發出員工的工作動力。

5「做想做的產品」才有穿透力

一味仰賴市場調查與顧問公司，
只會獲得「如何做」，而核心問題通常是在「做什麼」。
結論是，讓我們做出想做的產品吧！

舊人類　追求規模，討好市場

新人類　專注於自己想做的事

你們要從窄門進去；因為那通向滅亡的門是寬的，路是好走的，朝著這方向走的人很多。[28]

——新約聖經

二十世紀，「媒體」與「通路」決定商業型態

自十八世紀的工業革明以來，「強盛的事業」即「大型事業」。以龐大的資金建構垂直整合型的商業模式，生產大量產品，投注鉅額廣告費，

28　新約聖經馬太福音第七章十三節。

透過無遠弗屆的通路網絡，大舉銷售。這種暴力性的商業模式，一直以來都是商場上的常勝軍，造成其它募集不到資金的產品、無法大量生產的產品、撥不出鉅額廣告費的產品，只能在暗處勉強度日。

長久生活在此種時代的我們，被灌輸了一個既定觀念，那就是「規模即商業的成功之鑰」。然而，時至今日，過去規模帶來的種種好處，正在縮小、消失，某些情況下，甚至還逐漸成了削弱競爭力的重要原因。

促成此變化的最大因素，就是媒體與通路的改變。二十世紀下半葉，網路普及之前，要在大眾面前曝光自己的服務或商品，只能仰賴報章、電視等大眾媒體。

這些媒體不適合用來精細鎖定目標對象，因此大家的商業模式，必然會趨向於開發多數大眾可能喜歡的商品或服務，利用電視、報紙等大眾媒體曝光，再透過巨大的通路機構販賣。這代表原只是行銷手段的廣告與通路，卻因本身結構而對商品及服務的樣貌造成了限制。

「生產導向」、「行銷導向」這兩項概念，一直都是市場行銷的兩大策略。前者的思維是「產品優先」，採取大量製作、大量販賣的做法，以初期的福特汽車為代表；而後者的出發點恰恰相反，其思維是「顧客優先」，採取的態度是，先精密分析出市場的需要和欲望，再滿足顧客需求。

但仔細觀察二十世紀下半葉就會發現，在擬定市場行銷計畫上，最主流的做法實際上是以上兩者皆非。產品或服務的樣貌皆受制於，處在生產與行銷之間的媒體與通路的框架。

換言之，我們的市場行銷策略，既非以產品優先，強迫市場接受的「生產導向」；也不是根據顧客需求制訂產品或服務內容的「行銷導向」，而是受限於一種可稱為「媒體導向」的策略，產品和目標客群雙方，被生產與行銷之間的媒體與通路的樣貌所制約。

結果，一項服務或商品若規模較小，難以配合媒體和通路的架構，便會蒙受巨大的劣勢；反之，一個企業採用的戰略模式，若是大量生產迎合多數大眾的產品，在市場行銷上投入巨額，讓產品登上媒體與通路，向四處大量銷售的話，便能產生強大的優勢。

衡量「規模」與「聚焦」之利害的天平在消失

長久以來，在市場行銷與企業管理上，「聚焦」與「規模」一直都是魚與熊掌不可兼得，想要同時兼顧，被視為一種「天方夜譚」。

比方說，麥可．波特（Michael E. Porter）在著作《競爭論》（天下文化，二〇二〇）中認為，「成本領導」與「差異化」，是兩種基本的戰略類型，若想要兩者兼顧的話，反而會因顧此失彼，而失去競爭力，他還明確指出「這是一步壞棋」。

然而，這種利害得失，如今正逐漸產生變化。促成此變化的主要原因，是全球化與科技進步。近年來，對於全球化在商業上造成的影響，各界針對各式各樣的問題點，展開了熱烈的討論，但「聚焦與規模的利害得失的消融」這個極具衝擊性的現象，卻鮮少有人提起，因此筆者想在這裡，針對此點加以闡述。

舉例來說，在日本這個地區市場上，若將商業的對象，聚焦在出現率只有百分之五的利基市場上，潛在顧客就只有六百萬人（＝一．二億人×〇．〇五）。

反之，若將商業對象，設定在出現率百分之五十的主流市場上，潛在顧客就會成長至十倍的六千萬人。商業的規模相差十倍之多，在原物料的採購和市場的拓展上，規模利益將會大不相同，因此聚焦式的商業行為，這裡有一點要提醒的是，筆者並非要否定市場調查，但重要的是，人性與市場行銷的主從關係。市場行銷應該是一名極為優秀的家臣，讓家臣當「主人」，肯定不會有好事發生。

若是先以一個人「想要在社會上推出這種東西」的想法為起點，再利用工具實現這個想法的話，市場行銷的知識和技術，就會成為極為有力的武器。換言之，商業行為的結構，應該是以人為主體做出「推出什麼」（＝WHAT）的決策，接下來的「如何推出」（＝HOW），才是輪到市場行銷發揮本領的部分。

然而，現在的日本企業，絕大部分都顛倒了兩者的關係。也就是，「推出什麼」（＝WHAT）是以大數據等數值做決定，接著再由人類來思考「如何推出」（＝HOW），這種商業架構是愚昧的。如此當然無法為自己推出的商品或服務，找到切中時弊、吸引消費者的概念。

馬克思曾經提出「異化」的概念，警告人類自以為「好」而建立起的體制和程序，最後終將失去人性，反而讓人類淪為體制與程序下的奴隸。今日發生在許多日本企業身上的，正是這種「市場行銷的體制所產生的異化」。在這種體制中不斷被異化的人類，最後將失去「以自我為主體去感覺、去思考的能力」

身為一名外來顧問，我們在參與產品開發專案之際，一定會詢問專案的關鍵人：「你們真正想製造的是什麼？」、「你們希望這項產品推出後，為世間帶來什麼樣的改變？」但幾乎沒有一個人能毫不猶豫地說出答案。這就是上一節所說的，對於「為了什麼」的提問，他們沒有明確的答案，也就是沒有明確的「意義」。

之所以落得這般下場，就是因為舊人類只懂依賴管理顧問公司、廣告代理商進行調查，透過他們調查出的「市場需求」和「競爭事例」來決定事物，又不重視內在性、主體性的「想法」，所造成的結果。

我們的大腦是一種高可塑性的開放型系統，無論到了幾歲都能透過學習而成長，但反過來說，沒有得到使用的功能，也會逐漸萎縮、退化。

「想要將世界改變成如何如何」、「想要製造出怎樣怎樣的東西」，這種主體性的「想法」或「意義」，長期以來都是舊人類不會加以思考的，於是他們大腦這方面的功能逐漸萎縮、退化，變得無法思考「自己想要怎麼做」、「想要製造什麼」，更遑論思考「我是為何而活」的哲學大哉問。

這種舊人類，今後恐怕被迫面臨嚴峻的挑戰。因為價值的來源，一旦

圖9 「全球×利基」的新市場定位

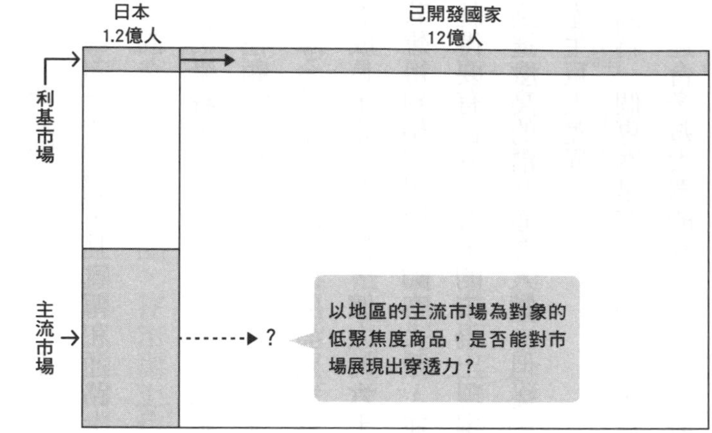

此時，在「全球×利基」的市場區間中，將能實現「兼顧規模與聚焦」。反之，將目標消費者設定在「地區×主流」的市場上，也就是迎合「大眾口味」所開發出的產品，將無法擁有同等的穿透力。於是，在進軍他國的事業開展上，必定會遭受挫折，結果只能繼續停留在當地市場。

讓我們再做進一步的思考。當許多國家都開始開發聚焦化的產品或服務時，對這些產品產生共鳴的顧客，當然在各個國家都會出現。

此時，舊人類以地區市場的主流區間為對象開發出的產品及服務，合乎世俗卻缺乏想法；但新人類以全球市場的利基區間為對象，開發出切中要害的產品及服務。後者自然會對前者的市場造成侵略，使其陣地逐漸縮小。

過去，舊人類以地區市場的主流區間為對象，他們的競爭力是來自規模利益，但未來，他們不僅將失去這項競爭力，甚至會因為追求規模而形成不利條件，換言之，他們將因為「規模弊害」而流失競爭力。

結果就是，無論是在對市場的提案能力上，或在成本競爭力上，都敵不過以全球市場的利基區間為對象發展事業的新人類。

舊人類以地區的主流區間為對象，將消費者調查和標竿管理法（benchmarking）當成決策主體，提供的訴求點飄忽不定。而沒有想法的製品及服務，結果勢必逐步陷入市場縮小的窘境。

被蘋果電腦收購數千張椅子的廣島木工公司

這種變化已逐漸在各處，出現愈來愈明顯的跡象。這裡就以一間木工公司為例，該公司設立於日本廣島縣，名為 Maruni 木工。

「廣島椅」就是在這樣的背景下誕生。後來，蘋果電腦的首席設計強納生・艾夫（Jonathan Ive）注意到「廣島椅」，並大量購入至蘋果電腦的總公司。

「廣島椅」開始販售後，Maruni木工營收滑落的趨勢終於告停，商流也產生了大幅改變，除了開始向伊勢丹新宿店等高級百貨公司鋪貨，此外，透過住宅建商賣出，以及針對商業區、商業大樓的販售也增加了。

再者，可能是因為受到蘋果電腦的大量採用，畢竟是對設計吹毛求疵的蘋果電腦，這似乎幫助他們一改過去的銷售區域結構：過去掛零的海外販售增加，甚至成功在米蘭家具展（Milano Salone）上參展，這是一個只允許全球頂級品牌參加的國際設計大展。

網路出現以前，即使製造出設計上臻至完美的椅子，也只有支付高額的媒體費用與仲介費，藉助大型廣告代理商之力，才有機會向世界宣傳。想當然耳，無法調度大額資金的小規模企業，無論製造的產品再優質，也無法廣為宣傳。

然而時代大幅改變，今日的世界，只要能提出切中要害且撼動人心的提案，就能讓被打動的人，透過社群網路等管道，向全世界散布相關影像

圖10 Maruni木工的「廣島椅」

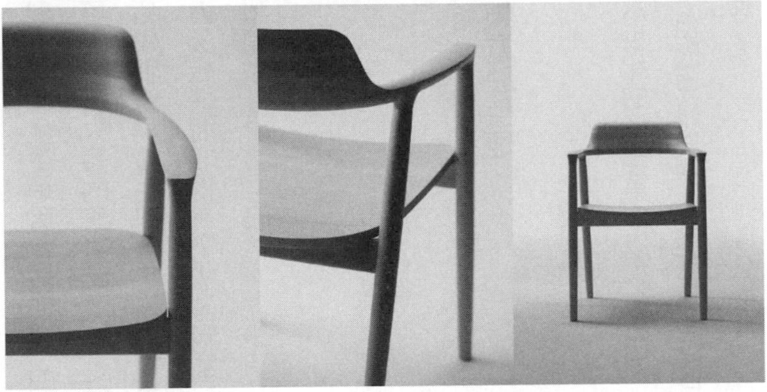

Maruni木工的官方網站（http://www.maruni.com/jp/）

及資訊。正如傑瑞米・里夫金所言，能以「零邊際成本」向全球宣傳的世界已經來臨。

然而，這當然不是誰都辦得到的事，因為若沒有「切中要害且打動人心的提案」，就無法讓資訊大範圍地分享開來。

今後在做市場行銷時，這裡有個十分重要的關鍵：若是遵照以往的固定公式，為追求規模，將所有人的喜好應收盡收，迎合大眾口味，製造出市場聚焦力低的產品，那麼此產品就不會具備「打動人心且切中要害的特質」。

在這種舊人類的思考模式下，生產出商品後，為了大量賣出，結果就只能走回二十世紀的老路——支付高額費用，委託貿易商或廣告代理商，硬生生地將資訊與產品塞向消費大眾。

反之，新人類的思考模式則是貫徹自己的喜好，構思出品質扣動人心的產品或服務，其「切中要害度」使產品或服務具有市場穿透力，而這種穿透力又能進而取得「全球×利基」的市場定位，因此能彌補規模，獲得豐厚利潤。

新人類重點整理

自十八世紀的工業革命以來，所謂「強盛的商業模式」即「大型的商業模式」。但因資訊與通路的基礎建設日新月異，如今規模已逐漸變成非必要的條件。

過去，在策略管理的理論中，規模與聚焦被認為是魚與熊掌、不可兼得。於是，追求規模的企業便會降低聚焦的優先度，結果失去了差異優勢，落入「同質化的陷阱」。

但隨著全球化的興盛，過去在國內的地區市場中，無法得到規模利益的利基商業模式，也逐漸能透過將自己定位成「全球市場中的利基區間」，而讓「規模」與「聚焦」同時成立。

在這樣的世界上，舊人類依舊迎合市場多數，來構思產品或服務；但新人類採取的策略，則是以聚焦為優先，提高在全球市場上的穿透力，藉此取得市場規模。結果，前者因為「聚焦度不足」，而不具有打通全球市場的穿透力，後者則是展現高度穿透力，建立起自己的市場定位。

6 以市場決定「意義定位」

從「用處」來看，市場就是贏家通吃；
從「意義」來看，市場就會多樣化，
因此，找到意義，也就是要在網路巨頭通吃的世界存活的必須之道。

舊人類 「有用處」顯化差異

新人類 「有意義」顯化差異

立刻有用的東西，馬上又會變得沒用。

——小泉信三[29]

「贏家通吃」還是「市場多樣化」

上一節所提到的「全球×利基」的新市場定位一旦出現後，市場朝分散化與多樣化演進，將是必然的結果。不過，針對這樣預測也許有人會提

29 小泉信三（一八八八年五月四日～一九六六年五月

出下述反駁：

「以GAFA③為代表的國際市場競爭者，正逐漸在吞併整個市場，全球化不是反而在抹殺市場的多樣性嗎？」

近年，以GAFA為代表的國際市場競爭者，的確勢如破竹地橫掃全球市場，讓人產生這樣的想法也是在所難免。但我們必須留意的是，若只看到醒目的現象，就會忽略掉背後正在發生的巨大結構變化。

從結論來說，筆者所指出的「全球利基競爭者帶來市場多樣化」的趨勢，以及「以GAFA為首的全球主流競爭者帶來市場壟斷化」的趨勢，兩者之間是不相矛盾的。因為，在全球市場上如火如荼展開的，正是這兩項趨勢造成的兩極化。

贏家通吃的市場，是在一九九〇年代日趨明顯，而受到廣泛討論。經濟學家羅伯特・法蘭克（Robert Frank）與菲力普・庫克（Philip Cook）在他們一九九五年共同出版的著作《贏家通吃：為何財富會集中在少數人手上》（足智文化，二〇一九）中指出，全球正朝贏家通吃的市場發展，並向世人示警。30

值得玩味的是，該書中指出的「贏家通吃愈演愈烈的原因」。法蘭克

十一日）。日本經濟學家。以東宮御教育常時參與的身分，擔任皇太子明仁新王（目前退位成為上皇）的教育負責人。一九三三年～一九四六年，擔任慶應義塾（譯註：慶應義塾大學前身。）塾長（第七代）。

③ 指Google、Apple、Facebook和Amazon四大IT巨頭。

30 羅伯特・H・法蘭克、菲力普・庫克《贏家通吃：為何財富會集中在少數人手上》另有已絕版版本《贏家通吃的社會：當前就業與市場的現實面》（智庫文化，一九九六。）

和庫克認為其中一個原因是，市場從「絕對評價」轉為「相對評價」。這是什麼意思呢？

以泥瓦工匠為例，有一個工匠一天能砌一百塊紅磚，另一個工匠一天能砌九十塊，如果市場功能鍵全，則前者拿到的報酬是一百時，後者得到的報酬就會是九十。這就是一個「絕對評價」的市場。

再來看一個對照性的例子：搜尋引擎的開發者。假設有一個人開發出了最優越的搜尋引擎，另一個人則開發出第二優越的搜尋引擎，若我們將兩人拿來比較，當前者的搜尋引擎的表現為一百，後者為九十時，他們獲得的報酬，比例絕非一百比九十。

只有最優越的搜尋引擎，能在市場上存活下來，第二名以後的都將得毫無斬獲地從市場上敗陣下來。這就是「相對評價」的市場。換言之，法蘭克和庫克認為，市場正從「絕對評價」轉為「相對評價」，所以贏家通吃的現象會日益嚴重。

「有意義」的市場會促進多樣化

以上是法蘭克和庫克對「贏家通吃」的產生機制所做的解釋，但我不得不說，這樣的觀察有些粗糙。因為每個市場有自己的特性，不管邊際成本降得再低，也不可能讓每個市場都變成所有消費者都只想要同樣的東西。

實際上，根據個別市場的特性不同，可分為「容易發生壟斷的市場」與「不容易發生壟斷的市場」。那麼什麼樣的市場特性，是造成「壟斷化」及「多樣化」之分的主因呢？

這裡讓我們用矩陣圖來進行分析。這個矩陣是透過企業提供給顧客的兩種價值主軸，整理而成。而這兩個主軸分別是「有用處／無用處」和「有意義／無意義」。

以古典市場行銷的專業術語來說，第一項主軸「有用處／無用處」，就是指「功能效益（Functional Benefit）的有無」。

而第二項主軸「有意義／無意義」，則是指「情感效益（Emotional Benefit）的有無」或者「自我表現效益（Self-expressive Benefits）的有無」。

先說結論，贏家通吃是發生在圖11的第一象限中。因為第一象限中，

圖11 提供給顧客的價值之市場

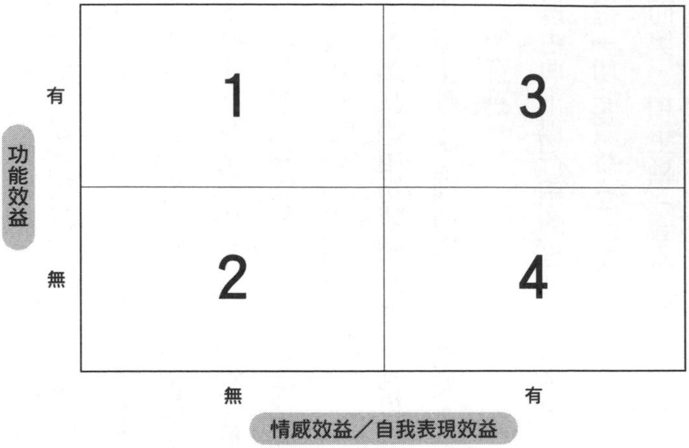

評價係數是收斂（趨於一致）而非發散（趨於分散）的。

舉例來說，最淺顯易懂的例子就是ＩＣ晶片。衡量ＩＣ晶片好壞的方式極其單純，只須看成本與計算能力。在這種產品的評價方式中，完全不存在意義屬性的部分，也就是說，不需要給出「商標的色調無懈可擊」、「來自老牌發源地的勃艮第」或「有著義大利師傅的匠心獨運」等等評價。Google和亞馬遜也都屬於此象限。

對於這類服務，消費者追求的是功能效益。情感上的、意義上的價值，在競爭中都不產生作用。最後就會變成，由GAFA這類企業勝出，並吞併整個市場。

在「有用處」的市場裡，會發生贏家通吃的狀況，但相對地，在「有意義」的市場裡，卻會造就多樣性。我們身邊有一個最鮮明的例子，那就是便利商店（以下稱「超商」）的商品陳列。

眾所皆知地，超商的商品陳列受到極為嚴謹的管理，一項商品想要上架可沒那麼簡單。因此，像是剪刀、釘書機等文具，幾乎都只有陳列單一品項。即使如此，也不會聽到任何顧客抱怨。

另一方面，超商雖然對商品陳列，管理地如此嚴謹，但卻有一類商品，陳列的品項高達兩百種以上，各位知道是什麼商品嗎？

那就是香菸。剪刀、釘書機都只有陳列一種品項，香菸卻陳列兩百種以上。為何會這麼厚此薄彼呢？這是因為香菸「雖然無用處，卻有意義」。一個牌子所擁有的故事及意義，是其他牌子無法替代的。對愛抽萬寶路的人而言，七星是無法取代萬寶路的。人對於故事與意義的感受是千變萬化的，因此牌子也會千變萬化。[31]

這就是「有用處」和「有意義」在市場特性上的差異。剪刀、釘書機等文具是存在於「有用處但無意義」的市場中。換言之，它們是在評價係

31 其它還可以探討「沒有用處但有意義」的商品，而且十分有意思。比方說，音樂、藝術、文字、葡萄酒等等，就可以看成是這樣的商品，這些商品都是由極多樣化的品牌所構成。典型的例子就是，陳列在酒吧檯後酒櫃上琳琅滿目的酒瓶，望著那些酒瓶，就會深深感到：「真的是愈沒用處的東西，愈多樣化。」

數收斂（趨向一致）的市場中競爭，因此縱然架上只有大眾款商品，大家也買得毫無怨言。

在這種兩極化日趨嚴重的世界裡，是要在「有用處」的市場裡互相廝殺，拚個你死我活，還是要在「有意義」的市場裡，建立起屬於自己的定位？對於這個問題，所有企業都將被迫做出抉擇。

要如何在這兩種市場之間抉擇，我們無法輕易得到答案。但筆者唯一敢說的是，用過去的固定公式畫地自限，不深入思考，就跳入「有用處」的市場裡追求規模，這絕對是舊人類才有的思考模式。

因為，當全球化的程度愈來愈高時，「有用處」市場的頂端將會變得「又高又窄」，除了極少數的「全球性勝利組企業」，沒有企業能夠存活下來，市場將化為一片「腥風血雨的紅海」。

另一方面，新人類則會聚焦於某種「意義」，獲得屬於自己的市場定位，進而在「全球×利基」的「風清氣爽的藍海」中，找到自己的安身之處。

以「有用處」決勝負，「幾乎全員」皆敗陣

容筆者進一步深入探討。正如前述，若是在「有用處」的戰場中競爭，評價指標就會收斂（趨於一致），因此在圖11的「第一象限」中競爭的話，基本上就會陷入「贏家通吃」。

這表示該市場中，只有極少數的競爭企業能成為贏家，其他絕大多數的競爭企業都會敗陣下來……換言之，它在結構上就是一個「幾乎全員皆輸的市場」。

看起來，日本多數企業所追求的戰略，仍是在「有用處」的市場中，以壓低成本、提高便利性勝出，但隨著全球化的發展，這個市場中將只剩下少數幾家世界級的頂尖企業，關於這一點，我們務必深思。

當然，即使在這樣的市場中，只要存在某些障礙，讓市場被國界劃分開來，財貨在地理上的運輸就需要一定成本，那麼各個國家內，或許就能有一定數量的企業得以倖存。[32]

但隨著市場朝全球化演進，全球市場終將發生一場贏家通吃的最後之戰，那麼世上絕大部分的企業都將無法倖免於難。當市場被劃分成許多地

32　試著探討財貨每單位體積的附加價值，所帶來的市場收斂的程度，或許會很有趣。比方說，在全球各地都「有用處」的玻璃，每單位體積的附加價值小，運輸成本相對較高，因此地方企業比較容易生存。建築物料的供應業者有分散於地方上的傾向，這是因為相對於附加價值，運輸成本較高的緣故。另一方面，IC晶片等財貨，因為每單位體積的附加價值非常大，所以市場容易收斂（趨於一致）。最極端的例子是資訊財，因為它的體積是零，所以非常容易收斂。GAFA之所以能席捲全球各地，就是因為他們提供的財貨，每單位體積有著極大的附加價值。

區時，那麼每個地區都會產生一名冠軍，當這些冠軍又進一步被全球化統一的話，最後就會只剩一名最後冠軍，而且若發生贏家通吃的現象，那麼能夠活下來的，就只剩這一名冠軍而已了。

最典型的例子就是網路上的搜尋引擎。搜尋引擎正是「有用處但無意義」市場的代表性服務。消費者對搜尋引擎所追求的，僅是「合理正確的搜尋結果」而已，意義不能發揮任何作用。而且，搜尋引擎提供的財貨是情報，即使跨國移動，也幾乎不需要任何成本。

因此，搜尋引擎的市場可說是非常容易趨於一致，那麼實際狀況又是如何呢？二〇一九年的現在，Google 搜尋引擎在全球三十六個國家，已達超過百分之九十的市占率。[33]

這個例子清楚地告訴我們，在「有用處但無意義」的市場上，若發生了跨國界的全球競爭，最終將會變成什麼景象。在不久的將來，其他「有用處但無意義」的市場，恐怕也會同樣出現趨於一致的狀況。

33 https://www.statista.com/statistics/220534/googles-share-of-search-market-in-selected-countries/

「有意義」比「有用處」更有利潤

另一方面，「有意義」的市場就不在此限了。因為Google、亞馬遜等的實例非常醒目，所以「所有產業日益陷入贏家通吃的局面」這種一竿子打翻一船人的說法正甚囂塵上。

然而，正如前述，筆者認為這種情況，僅限於「有用處」的市場，而「意義的市場」反而是變得愈來愈多樣。

這是因為每個人生命中所珍視的「意義」，是多采多姿、五花八門的。當「有用處」的市場趨於一致時，反而會因為已開發國家的人民，已將風格的獨特性視為生活之所需，所以願意付出更高額的金錢，換取「意義」帶來的差異化。

反過說，這也代表「有意義」將會比「有用處」獲得更高的經濟價值。關於這個問題，我們不妨以極端展現出「塑造意義的能力落差」的汽車產業為例來思考。

眾所周知地，全球有許多汽車製造商。比方說，日本有豐田、日產，德國有BMW、保時捷，義大利有藍寶堅尼、法拉利等等，我們可以用之新整理一下，落在「第一象限」的日本車，價格區間是在一百萬至三百萬日圓；落在「第三象限」的德國車，價格區間是在五百萬至一千萬日圓；落在「第四象限」的超跑，價格則是在兩千萬日圓至一億日圓以上，我們可以明確看出，市場顯示後者比前者具有更大的經濟價值。

簡單來說，在現在的市場裡，「有意義」比「有用處」，更能獲得經濟價值的肯定。[35]

最能明白顯示這點的，就是個別企業的PBR（＝股價淨值比，Price-to-Book Ratio）。這是企業的解散價值，換言之，這個數值代表的是，企業現時點所保有的資產總額與股票總額（＝總市值）之間的比率。日本汽車製造商的PBR，連龍頭的豐田都只有在一上下，日產更是只有〇・七上下。[36] 換言之，如果企業在現時點解散，並將資產還原給股東，那麼股東得到的可能跟股價一樣，甚至解散還能得到更多。

這是在說明，股市並不認為，日本車和德國車是在同一個市場上競爭。

若日本車是透過提供「移動」效益，來獲得利潤，假設出現了其他競爭者，能以不同手段提供「移動」效益，而且價格更便宜，例如汽車共享（Carsharing）或IT企業推出自動駕駛車等替代服務，那麼日本車是否還

35 有趣的是，藝術市場的商品，橫跨了「無用處×無意義」和「無用處×有意義」兩個象限。絕大部分的作品，落在「無用處×無意義」的市場區間的話，經濟價值（≠美感價值）便無法得到承認。然而一旦該作品被賦予了某種意義後，雖然作品本身沒有任何變化，卻會移動至「無用處×有意義」的市場區間，變成具有龐大的經濟價值。例如，作者生前得不到欣賞的作品，作者死後卻具有龐大價值，就是因為這種區間變化。將藝術視為商業行為的話，其核心就在於「賦予意義」，而這是策展人、藝廊經營者的工作。現代藝術家村上隆在其著作《藝術創業論》（商周

能繼續生存？就算能生存，至少也會落入激烈的削價競爭中。

另一方面，不僅提供移動手段，也提供「意義」的企業，則不在此限。購買保時捷的人，不單只是花錢購買「移動手段」，同時也購買了保時捷這個製造商所附帶的歷史、故事、象徵等「意義」。

除上述事例外，還有在大型拍賣會上賣出的藝術作品、家具等等，現今在市場上以最高額代價所買下的，全部都是具有「意義」或「故事」的製品。

正因這個時代產品飽和，從中長期來看，產品價值走弱，所以今後我們迎來的世界將是，高額報酬不會進入只懂生產「有用產品」的組織或個人的手中，而是會支付給有能力創造出「意義」與「故事」的新人類。

「意義」無法仿冒

懂得塑造「意義」的新人類，在今後能創造出非凡價值的第三項理由，就是「意義無法仿冒」。

討論創新時，大家經常將重點放在「設計」與「科技」上。那麼我就想提出一個問題：假設將「臻至完美的設計」與「臻至完美的科技」組合

出版，二〇〇七）中再三探討的就是，如何跨越「意義的有無」這條界線。

36 根據二〇一八年十月底時點的財務報表所計算出的數據。其後，各位都知道，傳出戈恩（Carlos Ghosn）社長遭到逮捕的新聞，日產的PBR又跌至更低。

新人類重點整理

目前的市場上，兩股完全相反的潮流——「全球化利基競爭者帶來的市場多樣化」和「全球化主流競爭者所帶來的市場壟斷化」——正在同時發生，造成了市場的兩極化。

這兩股潮流是以該市場所提供的效益，是「有用處」還是「有意義」，做為區分。在「有用處」市場上，評價指標會趨於一致，收斂至極少數的競爭者身上，因此隨著全球化的發展，將會出現少數贏家通吃的情況；另一方面，「有意義」的市場，會為顧客提供千變萬化的效益，市場則會因而愈來愈多樣化。

若以獲利性來評估這些市場的好壞，那麼對成本效益要求嚴格，且容易落入嚴重削價競爭的「有用處」市場，獲利比率將會呈現向下趨勢；另一方面，在「有意義」市場裡，若其意義能帶來足夠的高級感，則有機會定出極高水準的價格。

以往，許多日本企業在「有用處」的市場裡嶄露頭角，但今後，若伴隨著全球化，發生了贏家通吃的最後之戰，則可能造成相當數量的企業，必須將市場定位移入「有用處」的市場。在此種狀況下，還繼續想藉由「有用處」來創造價值的話，就會逐步落入舊人類的思考模式中。

另一方面，新人類的思考模式則是，儘早轉戰「有意義」的市場，透過建立起別樹一格的「意義定位」，來創造高利潤，並打下穩定的基礎。

現在，大家討論創新時，經常將重點放在「設計」與「科技」上，但這兩項都有著「怕仿冒」的弱點。想要對抗仿冒的攻擊，就必須追求「意義」。一個企業若懂得將「意義」當成一種資本，透過不斷向市場宣傳自我，成功地存下一筆「意義」資本的話，就有可能建立起一個牢不可破的商業模式，不怕仿冒的攻勢。

缺乏「WHAT」和「WHY」會使人的內在分崩離析

一項行為如果不知道「WHAT＝目的」，也搞不清楚「WHY＝理由」的話，就無法讓人感受到「意義」。

十九世紀的俄國文豪杜斯妥也夫斯基[39]，在他根據自己坐牢經驗所創作出的《死屋手記》一書中寫道：像是「將桶子裡的水倒入另一個桶子後，再將其倒回原來的桶子」等這種「完全感受不到任何意義的工作」才是「最殘酷的強迫勞動」，一連做個好幾天的話，會讓人陷入狂亂。

燒瓦、種田等的工作，最後可以建成房屋、種出蔬菜，而使人在工作時感到有意義，因此無論在肉體上承受著多大的負擔，都還熬得過去；但沒有意義的勞動，就無人能忍受了。這樣的控訴告訴了我們，對人類而言，真正重要的並非勞動的「量」，而是勞動的「質」。

這個問題也關係到「舊人類執著於量」與「新人類執著於質」的對比。

回頭來思考一下日本現況，雖然政府以「勞動方式改革」為名，在許多地方對勞動時間的「量」進行縮減，但另一方面，對於工作的「質」，似乎就沒太多著墨。[40]

39 費奧多爾・米哈伊洛維奇・杜斯妥也夫斯基（Fyodor Mikhailovich Dostoyevsky，一八二一年十一月十一日～一八八一年二月九日），俄國小說家及思想家。代表作包括《罪與罰》《白癡》《群魔》（另譯為《附魔者》）《卡拉馬助夫兄弟們》等書。與伊凡・謝吉耶維奇・屠格涅夫（Ivan Sergeyevich Turgenev）並列十九世紀下半葉俄國小說的代表文豪。

40 順帶一提，從中長期來

在產品過剩、意義不足的時代裡，我們為何工作個不停？面對如此時代，不僅是為了追求市場競爭力，同時也是為了讓更多人「透過工作感到幸福」，我們必須重新思考，如何找回工作原本就應該具有的「意義」。

關於「量」的討論，我們馬上就能拿出一翻兩瞪眼的結果，因此愈不喜歡深思的人，愈傾向於死命抓著「量」不放。但目前在日本各界所進行的「量化改善」，其邊際效用正逐步趨近於零。

在這樣的世界裡，問題不只有工作的「量」，我們也有必要好好關注「質」的問題，也就是檢視工作的「目的」（＝WHAT）及「理由」（＝WHY）。

過去日本重用的是「HOW 的領導力」

關於企業管理上的三大問題：「WHAT」、「WHY」、「HOW」，仔細思考就會發現，過去日本企業的優勢，既非「WHAT」也非「WHY」，而是透過徹底精進「HOW」建立。

為何這樣還能一路常勝呢？這是因為「該追求的樣子」（＝

看，日本總勞動時間有極為明顯的縮減傾向。根據日本厚生勞動省（相當於台灣衛生署加上勞委會）的「每月勞動統計調查」，昭和四十年代（一九六五～一九七四年）的總勞動時間約為二二〇〇～二四〇〇小時；平成二十年（二〇〇八年）以後降至大約一七〇〇～一八〇〇小時。

邱吉爾賦予戰爭意義與故事的著名演說

透過「WHAT」和「WHY」的傳達，還能讓我們確認「自己的意義」。最能清楚說明的例子，就是前英國首相溫斯頓・邱吉爾的開戰演說。

在演說之前，多數人對於「納粹德國的意義」和「英國的意義」，並沒有明確的想法，邱吉爾透過一個宏大的故事，釐清了「納粹德國的意義」和與之對立的「英國的意義」，進而促使英國人民團結一心。

邱吉爾賦予納粹德國新的意義之前，在歐洲人心目中，「納粹的德國的意義」，就是當蘇聯（共產主義）進攻歐洲時，能為歐洲主導抗戰的國家。

正因如此，歐洲各國才會對納粹德國目中無人的行為，睜一隻眼閉一隻眼。萬一有一天，蘇聯為了向歐洲拓展共產主義，而展開攻勢時，歐洲也需要旗鼓相當的軍事大國與之抗衡，而這個國家非納粹德國莫屬。這就是當時歐洲的知識分子們腦中所勾勒出故事。

冰雪聰明的希特勒，對於歐洲各國人民是如何看待納粹德國的「意涵」，當然了然於心。正因如此，他才會迅雷不及掩耳地吞併波蘭後，又向法國進攻。若非因為蘇聯在地緣政治上形成的力量不平衡，歐洲人民是不可能默許如此的霸道行為。

納粹德國妄自尊大的態度，令所有人都感到不快，但一想到入侵在即的「更邪惡的強敵」，就只好兩手一攤，因為歐洲要對抗共產主義的威脅，就必須藉助於納粹德國這種軍事國家的力量。從這個角度來看，歐洲將納粹德國默許為一種「必要之惡」。對於與蘇聯接壤的歐陸國家的富裕階級來說，這個問題尤其令人憂心忡忡。

經濟學家弗里德里希·海耶克（Friedrich August von Hayek）在其著述《通向奴役之路》（商務印書館，二〇一七）中，對於當時歐洲人誤判了納粹德國「意涵」之事，提出了嚴正的批判：

> 令人悲痛的是，第二次世界大戰爆發前，民主主義國家對極權主義國家的獨裁者所表現出的態度。正如同他們的政治宣傳活動，他們在針對「我們的戰爭目的為何」的爭論中，也顯示出了內心的徬徨與迷惘。這件事表現出了他們並未徹底明瞭「自己的理想為何」，以及「自己與敵人對立點的性質為何」。
>
> ——弗里德里希·海耶克（Friedrich August von Hayek）

海耶克指出，當時的民主主義國家的人民，對於「戰爭目的為何」又或「自己的理想為何」、「自己與敵人對立點的性質為何」等等事關重大的「判斷根據」，並「不十分清楚」。

換言之，對他們而言，他們連自己的「WHAT」和「WHY」是什麼，都搞不清。

對現在來說可能很難想像，當時英國對納粹德國的輿論，都是主張綏靖而非開戰。對英國的富裕階層來說，希特勒帶來的危機感，遠不及布爾什維克思想、共產主義者的「財富與再分配」的意識形態帶來的威脅。

在政府內部，與邱吉爾角逐首相大位的哈利法克斯伯爵（The Earl of Halifax），主導著綏靖政策的主張。當時，希特勒透過同為軸心國的義大利，向英國提出綏靖政策的方案。對於希特勒的方案，英國不接受，就得開戰，情勢危急，必須立刻做出選擇。

身為外交大臣的哈利法克斯伯爵，主張綏靖政策。他的折衷方案是，應將馬爾他、直布羅陀、蘇伊士運河等資產，割讓給德國，以換取和平。

邱吉爾對哈利法克斯伯爵的這項提議大為光火，但整個議會的氛圍都倒向綏靖，眼見「邏輯上的據理力爭」已無力回天。

邱吉爾領悟到，在此情況下，繼續爭論並非上策，於是為了扭轉頹勢，在討論陷入膠著狀態的下午五點，宣布先休息兩小時，七點再重開議會。當議會重開時，邱吉爾放棄以邏輯服人，而展開了一場世紀大演說：

> 這幾天，我一直在認真思考，我是不是有義務和「那個人」（希特勒）議和。但我認為沒有任何證據顯示，我們現在求和，能比熬過戰爭得到更好的條件。（省略）倘若我有一瞬間考慮過議和或投降的話，你們一定會憤然而起，把我狠狠拽下這個位子。這一點我從不懷疑。如果我們悠久的島國歷史終將畫下句點，那也是在我們所有人都戰倒沙場，被自己的鮮血封喉之後。
>
> ——鮑里斯．強森（Boris Johnson）
>
> 《邱吉爾因素：一個人如何改變歷史》
>
> （*The Churchill Factor: How One Man Made History*）

對邱吉爾而言，是否與德國議和，已不是一個外交問題。他為他們所面對的選擇，賦予了一個「故事」。也就是說，他將這個國家決策，定調為「面對那個不斷暴力侵略的男人，信奉自由的我們在這場抗戰中，是要保衛自己的國家，還是要步入毀滅」的選擇。

戰時內閣在下午七點重啟內閣會議，會議才開始，辯論就已結束。主和的氛圍急轉直下，變成「對開戰的覺悟」，因為哈利法克斯伯爵也放棄了反駁。

若沒有英國對納粹德國的宣戰，美國既然主張門羅主義[42]，他們就不可能加入世界大戰。如此一來，將有很長的一段時間，歐洲會落入希特勒和納粹德國的統治之下，甚至還可能持續到現在。

換言之，沒有邱吉爾此時的「賦予意義」，世界局勢很可能會變得與今天大不相同。如此想來，不得不讓人覺得，愈是在決定性的局面，集團的領導人愈需要能以一個宏觀的故事，來解釋集團所處的狀況，賦予它一個屬於該集團的「意義」，並傳遞給周圍的人。

---

42 指美利堅合眾國對於歐洲各國，主張美洲大陸和歐洲大陸之間應該互不干涉。一八二三年，第五代美利堅合眾國總統詹姆士·門羅（James Monroe），於第七次對國會演說的國情咨文中宣讀。這份國情咨文顯示出的外交態度，成為美國往後的外交基本方針。

新人類重點整理

我們在經營上要面對三大問題，分別是「WHAT＝為了做什麼而存在？」、「WHY＝這件事為何重要？」、「HOW＝該如何實現？」在這種未來不確定，工作動力成為重要競爭力泉源的社會中，「WHAT」和「WHY」的重要性會向上攀升，相對地，「HOW」的重要性就會降低。

明治維新以來，日本組織一直對「HOW的領導力」十分器重。追求的目標（＝WHAT）是歐美先進企業，這件事不辯自明；再者，理由（＝WHY）是經濟成長能直接帶來幸福與生存價值，這也是社會共同的默契。在這種狀況下，只要有「HOW的領導力」就已足夠。

傳達「WHAT」和「WHY」需要的是願景，多數日本企業所提出的願景，都欠缺了「引發共鳴」的條件。

要吸引優秀的人才，激發他們的工作動力，就必須釐清「WHAT」、「WHY」、「HOW」，並整理成一個能引起共鳴的故事，傳遞出去。包括六〇年代的阿波羅計畫等等，過去許多大獲成功的企劃案或企業，往往具備了這些必要條件。

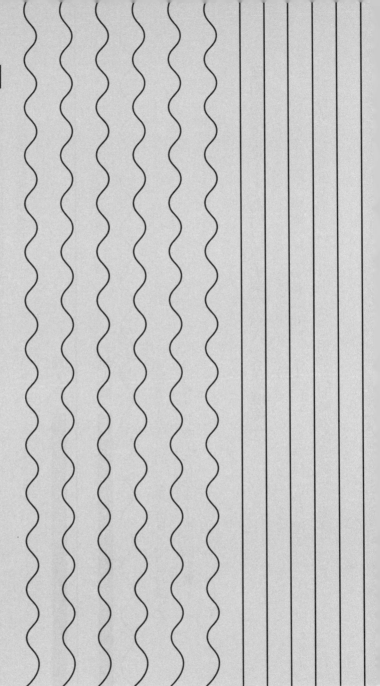

第四章

新人類的思考術

從偏重邏輯

▶ 到邏輯與直覺並重

8 「直覺」能提升決策品質

從解決問題的角度，邏輯一直是我們最需要的能力，
但既然現在是不缺解決問題能力的時代，
直覺與美感就變得更重要了。

舊人類 仰賴邏輯，抗拒直覺

新人類 根據狀況選擇使用邏輯和直覺

直覺是非常強大的，依我所見，比智力還強大。這個想法為我的工作帶來了很大的影響。[43]

——史帝夫・賈伯斯

邏輯還是直覺——為何日本企業會陷入「分析麻痺」

關於決策上的「邏輯」與「直覺」問題，筆者已在《美意識：為什麼商界菁英都在培養美感？》一書中，花了相當長的篇幅做過說明，或許

43 摘自華特・艾薩克森（Walter Isaacson）《賈伯斯

是因為筆者的表達能力不足，而使內容有些受到誤解，[44]所以此處想就該書沒有提到的問題點，再次進行探討。

首先，筆者的觀察與主張，一言以蔽之就是「企業的決策太過偏重於邏輯的話，會使表現變差」。原因可大致分為三項。

第一項是，過度偏重邏輯思考，會產生「差異化消失」的問題。這與前面討論過的「正確答案的量產化」，可說是互為表裡。

長期以來，分析性且邏輯性的資訊處理技術，對商務人士而言，被認為是不可或缺的能力。然而，邏輯而理性地做出正確的資訊處理，意味著你「求出的正確答案」會和別人一樣，所以必然會導致「差異化消失」。

第二項是，分析性且邏輯性的資訊處理技術「在方法學上有其極限」。這是在「世界VUCA化」的趨勢下，所發生的狀況。若總是要邏輯而理性地做出決策的話，在如此複雜而曖昧的世界裡，永遠都無法擔保結論是否合理，於是決策就會陷入膠著。

最早指出合理與否在經營決策上之重要性的，是經濟學家伊格·安索夫（Igor Ansoff），他同時也指出了過度追求分析與邏輯的危險性。

安索夫在一九五九年所寫下的《企業經營策略》（*Strategic*

傳：Steve Jobs唯一授權》（天下文化，二〇一七）。

44 筆者的主張並非「由邏輯換成直覺」的「取代方案」，而是「邏輯和直覺並重」的「雙聯標準方案」，但卻常常被誤解成前者。

「系統一」會自動化地高速運作，毫不費力，或僅需吹灰之力。此外，它完全不會給人自己主動控制的感覺。「系統二」則須動用注意力，以完成困難而耗費腦力的心智活動，包括複雜的計算。系統二的運作往往和代理、選擇、專注等的主觀經驗有關。

——丹尼爾・康納曼（Daniel Kahneman）

《快思慢想》（天下文化，二〇一八）

我們印象中，可能會覺得這兩種系統可以互相切換，但實際上是可以同時運作的。比方說，作曲家在構思整首曲子時運用系統二，而即興演奏時則是運用系統一；絕大多數商學院的課程設計是，一邊以金融及策略理論鍛鍊系統二，一邊透過各種案例進行企業管理的模擬操演鍛鍊系統一。

換句話說，要在這種專業知識的職位上，展現出好表現，就必須均衡地使用到系統一（直覺）和系統二（邏輯）。

均衡使用邏輯與直覺以提升表現

想要均衡且有效地使用邏輯和直覺，就必須能對「何種局面該使用直覺，何種局面該使用邏輯來進行決策」做出對的決策，換言之，就是「後設決策」十分重要。如果後設決策是錯誤的，就會在該用邏輯思維找出答案的局面，使用直覺產出不切實際的回答；在需要創意性解決方案的局面，使用邏輯產出陳舊迂腐的回答。

有一點必須留心，那就是對於能用數據和演算法回答的問題，若使用系統一，也就是直覺回答的話，就會表現得相當粗糙隨便。

這與後面文章會提到的泰特洛克的研究結果——「專家預測的精確度，跟黑猩猩射飛鏢的準確度差不多」，也是符合的，只不過光憑此點，就要斷定「系統一不能相信」，還為時尚早。

審判的量刑、住宅價格的變動等等，都屬於能夠取得數據資料，判斷上又有確實的演算法的典型例子，面對這類決策，系統二的表現應該遠比系統一好。

然而，根據近年的研究，不符合上述條件時，也就是處理沒有確實的

第一個著眼點是前面提到的「有用處」和「有意義」的矩陣。想要往「有用處」的方向提升表現的話，重心就應該放在「邏輯」上。我們能以功用函數（Utility Function）來表示是否「有用處」，所以只要解析出要素，並設定目標數值，再執行活動計畫，以達成目標即可。

反之，若想朝「有意義」的方向提升表現，「邏輯」就會派不上用場，此時我們說的品味、感覺等「直覺」，就會成為決勝關鍵。編織出什麼樣的「意義」、「故事」，最能擄獲顧客的心？這是「邏輯」回答不出的問題。

任何一個企業、組織或個人，最初都是從「無用處×無意義」的起點出發，試圖在矩陣中的某一處，建起自己的容身之所。此時，思考要從起點朝哪個象限前進，要用多快的速度成長，就是在思考所謂的成長策略。若要朝「有用處」的Y軸方向成長，「邏輯」就會變得相對重要；若要朝「有意義」的X軸方向成長，則相對重要的就是「直覺」。

接著，關於如何選擇使用「邏輯」和「直覺」，筆者要提出的第二個著眼點，就是「稀少之物與過剩之物」的對比。大家都知道，「稀少之物」價值會提高，「過剩之物」價值會降低。換言之，要比較「邏輯」和「直覺」，並思考兩邊各自創造出的，會是「過剩之物」還是「稀少之物」。

圖13 今日社會上的「過剩之物」與「稀少之物」

過剩之物		稀少之物
正確答案	＞	問題
產品	＞	意義
資訊	＞	故事
便利性	＞	憧憬
說理	＞	共鳴
競爭	＞	共創

想當然耳，創造出「已過剩之物」能得到的邊際利潤就一定很小；反之，若能創造出「稀少之物」，就能從中享受到大大的富足。

那麼，現今世上，究竟「什麼東西過剩」、「什麼東西稀少」呢？筆者加以整理對比的結果如圖13。

看完這份清單，結論就呼之欲出了。「過剩之物」全都產自「邏輯與理性」，反之，「稀少之物」全都產自「直覺與感性」。換言之，若想在今日的世界中，創造出「稀少之物」，就必須運用「直覺與感性」。

此處希望大家注意的是，表

9 策略中加入「巧合性」

直線距離並非永遠是最佳路徑，
有時候繞點路，看多點風景，會出現更棒的結果。

舊人類　提高生產力

新人類　加入玩耍的元素

或為玩耍而生，或為嬉戲而生。

——《梁塵秘抄》

為何自然界會「出錯」

我們一般會將出錯看成負面行為加以排除，以儘可能地提升生產力。但「出錯」卻是自然淘汰的機制中，一項不可或缺的要素。因為當某種正面積極的出錯偶然發生時，就能提高系統的表現。

自然界的進化機制中，「出錯」明明是一項缺之不可的要素，但我們卻試圖將操作中的錯誤通通排除。這種觀念真的正確嗎？

我們可以透過「蟻丘」的例子來思考：從長期來看，出錯是否能成為一種提升生產力的機制？

在蟻丘中，當一隻工蟻在蟻巢外找到食物時，牠就會一邊釋放費洛蒙，一邊回巢呼朋引伴，幫忙搬運，而其他螞蟻會追蹤地面上的費洛蒙，藉此得知通往食物的路線，大家分工合作將食物搬回蟻巢。

因此，很多人可能會認為，對蟻巢裡的成員來說，提升獲得食物的效率至最高的關鍵在於螞蟻追蹤費洛蒙的正確程度。但實際上並非如此。

廣島大學西森拓博士的研究小組，做了一個十分有趣的研究，他們利用電腦模擬來分析，螞蟻追蹤費洛蒙能力的正確度，與可在一定時間內帶回聚落的食物量之間的關係。[45]

先設置一個由許多六角形相互緊鄰成格狀的平面空間，讓一隻螞蟻A於其上發現食物，並去呼朋引伴，接著將追蹤A的其他螞蟻分成兩種：能百分之百正確追蹤費洛蒙的認真螞蟻，以及前進時會以一定機率走錯左右格子的糊塗螞蟻，以一定比例將這兩種螞蟻混合，然後研究糊塗螞蟻的占

45 https://repository.kulib.kyoto-u.ac.jp/dspace/bitstream/2433/182066/1/bussei_el_031205.pdf

新創事業持續締造好成績達數十年的企業，都不單要求「規律」，也恰到好處地加入了「玩耍」的元素。

比方說，３Ｍ就是其中的代表性公司。３Ｍ有一項廣為人知的規定，那就是研究人員可將百分之十五的勞動時間，投入在自由研究上。

光聽這個規定，可能會覺得「這真是一個自由奔放的公司」，但另一方面，３Ｍ也對管理階層課以重責，規定他們過去三年內推出的新商品，必須在營業額中占一定比例以上。

換言之，３Ｍ為了實現嚴苛的「規律」——「持續不斷創造新商品」，所以策略性地加入了「玩耍」成分——「研究者可自由使用百分之十五的工作時間」。

Google等公司也採取了相同的制度，服務、商品不斷推陳出新的企業，儘管制度或程度上有所不同，但都在「規律」與「玩耍」間取得了絕妙的平衡。

３Ｍ與Google讓研究人員，提供自由裁量一定比例的工作時間的權力，這件事可視作經營資源分配的問題。來自人的勞動力當然是一種經營資源，讓研究者自由裁量的百分之十五的時間，換言之，來自人的勞動資源中，百分之十五不加以掌控，任員工自由投注在第一線的偶發性的構思上。刻意在其掌控的範圍中，設下玩耍的時間，讓偶然有機會出現。

一般來說，既然投入了經營資源，就會設想其投入的資源，會為自己帶來符合期待中的回報。這就是為何企業只將資源，投資在能明確回答出「有什麼用處」的活動上。

然而，若經營資源只有投入在能明確回答「有什麼用處」的嘗試上，就無法得到偶然所帶來的長足進步。

當世界演進至如此不確定時，只有舊人類的思考模式，才會一味追求「有什麼用處」，並排除掉「玩耍」帶來的偶然機會。

反之，新人類的思考模式，則是會策略性地，在「規律」中加入「玩耍」的空間，以追求意外發現，也就是偶然帶來的長足進步。

過去的大發明是偶然產物？——創新與商業化的重大兩難

能充分顯示出這一點的是，過去的大發明。比方說，發明大王湯瑪斯・愛迪生為了發明留聲機，四十八小時不眠不休地工作，但對於留聲機能為即使當下不知道什麼用處，也會一邊想著「這可能某天能派得上什麼用場」，一邊把東西扔進自己的袋子裡。

李維史陀進一步說明，他們撿回來的「搞不清用處的東西」，還真的在後來解救過部落危機，因此這種「以後可能派得上用場」的預測能力，對部落的存續起了非常重要的作用。

這種隨創，與舊人類的思考模式所重視的「符合標準期待」呈對比，是新人類思考模式的特點之一。

馬托格羅索的印第安人所擁有的這種神奇能力，是不按牌理出牌地，收集現成但搞不清用處的東西，並讓它在未來某一天派上用場；至於近代社會的做法，則是符合標準期待地，按科學理論將各種技術手法加以組合。李維史陀認為，這兩者恰恰形成對比。

近代思想以沙特的存在主義為代表，標榜符合標準期待（應用在管理上，就是先釐清用途的市場再研發的想法），而李維史陀從他的研究中，觀察到隨創這個與之對比的思想，而且更加結實而有韌性。事實上，我們可以發現，隨創的思維更適用於近代思想的產物上，以及一般人認為的創新之舉上。

回過頭來看目前的日本企業，一個構想在面對高層管理者詢問時，只要回答不出「有什麼用處」，就無法分配到資源。但我們絕不該忘記的是，改變世界的偉大創新之舉，多半都是在直覺的引導下實現的，當事人最初只是抱著「好像會成大事」的第六感而已。

新人類重點整理

從生物遺傳，到自然界中各式各樣的錯誤，都是自然地包含在系統之內。之所以要讓短期上會降低效率的錯誤，包含在系統之內，是因為出錯時會帶來意料之外的變化，從超長期來看，有可能成為飛躍式進化的契機。

因此，為了提高生產力，而儘量減少出錯、提高效率的舊人類想法，雖然在二十世紀下半葉到二十一世紀初，取得了主導性的地位，但卻有可能抹

「任性」是至高的美德

二十世紀上半葉，當近代社會體制的主宰性愈來愈強時，有一個人提出了不順從體制——也就是「任性」——的重要性，那個人就是諾貝爾文學獎作家赫曼・赫塞（Hermann Hesse）。一篇在篇名就點出了「任性」的散文中，赫塞是這樣寫的：

> 有一種美德，是我唯一熱愛的美德，那就是「任性」。書上寫的、老師講授的、我們可以看到與聽到的眾多美德之中，沒有一種是比任性更讓我更讚賞的。不過，人類思考出的各式各樣的美德，應該全部都能用一個名詞概括，那就是「服從」，問題只是在於服從誰。換言之，「任性」也是服從。但除了任性以外，所有被熱愛、被讚賞的美德，都是服從於人類建立的法律。只有任性，不把人類建立的法律放在眼裡。任性的人順從於一套非人類建立的法律、唯一一套無條件的神聖法律、一套自己內在的法律，也就是順從

---

⑤ Trans-science，指由科學提出，但無法只藉由科學來回答的問題。

46 村上陽一郎（一九六三年九月九日～），日本科學史家、科學哲學家、東京大學及國際基督教大學名譽教授、豐田工業大學次世代文明中心館長。

於「我」的「心」。任性沒有廣受大眾喜愛，實在可惜！

——赫曼．赫塞《任性而為才是至高的美德》

（*Eigensinn macht Spaß*，Volker Michels 編）

正如赫塞所言，任性一般被當成負面形容詞使用。尤其，日本深受組織中的同調主義（＝從眾行為）影響，「任性」可說是最要不得的人格特質之一。然而，赫塞卻將這個負面形容詞，說成是「至高的美德」。為了證明自己的主張，赫塞舉出了在歷史上我們認為體現出至高美德的人物，像是蘇格拉底、耶穌基督、焦爾達諾．布魯諾（Giordano Bruno）等人，並指出他們都是與當時社會的規則與規範對抗，遵循自己內在道德觀與價值觀的「任性之人」。

我們一般會無條件地認為「遵守已經定下的規則」就是良善的，必須做出某種判斷時，一定要先確認規則，再根據已確認的規則做出判斷。然而，這種思考模式有兩個重大的問題點。

第一個問題是，當規範本身出現了倫理問題時，許多人就會因為遵守規範而做出不符合倫理的事。「公車抵制運動」是後來美國民權運動導火線，而這個運動最初起因於，在工廠工作的羅莎．帕克斯（Rosa Parks）坐在白人專用席上不肯讓位，結果遭到警方逮捕的事件。

當下帕克斯詢問：「我做錯了什麼？」警察回答：「我不知道，但法律就是法律。」這種典型回答正是來自於只懂得遵守社會設下的規範，忘了回頭捫心自問那條規範是否符合「真、善、美」，所造就出的悲哀人類。態度堅決、不服從規則，不從白人專用席上讓位的羅莎．帕克斯，看在這類悲哀人類的眼中，恰恰就是「任性之人」吧。但帕克斯的「任性」卻成了壓垮駱駝的最後一根稻草，引發了公車抵制運動，最後又延燒成全美的民權運動，徹徹底底地改變了世界。

改變之前的世界，和改變之後的世界，規範本身也完全改變了。活在事件「之後」的人，回頭去看那段過去，一定會覺得事件「之前」的人，根本就是無知愚昧的野蠻人吧，但此處有一個陷阱。沒錯，那就是我們現在不加思考、不加批判地遵守的許多規範，到了後世，恐怕也會成為人們眼中無知愚昧又野蠻的規範。赫塞所說的「任性之人」，就是那些製造契機，讓更多人發現，那些規範根本不該是規範的人物。

「只要遵守規則就好」招來毀滅

關於「忠實地遵守既定的規則，做決定時，先確認規則，再根據規則做出判斷」思考模式的第二個問題點。就是若是被這種想法影響太深，常常會讓逆命題也變成肯定的，換句話說，就是變成「若不存在可供參考的規則，那就等於我愛做什麼就可以做什麼」的想法。而在今天，這種舊人類的思考模式，有可能會為當事人及社會帶來毀滅性的結果。

為何「只要遵守規則就好」的想法，在過去明明有效地發揮了它的規範作用，現在卻可能導致毀滅性的結果呢？這是因為制定規則的速度，趕不上各種科技、商業模式的變化。當世界演變至此，若是採用舊人類的思考模式，只遵守外在的規則不遵循內在的價值觀，也就是不「任性」而為的話，就會提高犯下致命錯誤的風險。在這種世界裡，判斷事物時，不僅僅仰賴既定的規則，也要根據道德、倫理等內在規範，是我們必備的態度。

關於此點，我已在《美意識：為什麼商界菁英都在培養美感？》一書中探討過，此處將前因後果稍微帶過，兼作複習。該書所探討的兩個案例是，在網路新創企業的主導下，所爆發的兩件企業醜聞。

第一個案例是，二〇一二年所發生的「成套式收集轉蛋問題」。

成套式收集轉蛋是一種遊戲的收費機制，遊戲中某些物件只能像轉蛋（又稱「扭蛋」）般隨機取得，只要集滿其中的數樣特定物件（＝成套收集），就能獲得稀有物件，這樣的機制被總括性地稱為「成套式收集轉蛋」。

雖然成套式收集轉蛋，成了一種獲利性極高的生意，但後來陸陸續續出現許多年輕人，為了得到稀有物件，傾家盪場地付出高額費用，形成社會問題。最後才由消費者廳⑥以「違反獎品表示法之嫌疑」為由，禁止所有企業提供這類服務。

第二個案例是，二〇一六年發生的策展媒體（Curation media）的問題。網路公司DeNA所營運的WELQ等多個媒體上，嚴重氾濫著報導錯誤資訊、盜用其他媒體報導而未載明著作權等的行為。其中最嚴重的是，WELQ是一個提供醫療資訊的網站。

任誰都知道，醫療資訊關乎人命，在資訊的可信度上，需要最嚴格的把關。然而，許多企業對於這些媒體的瀏覽，只是以「在資訊的提供上，其真實性與正確性，本公司概不負責」一句話，就把責任撇得一乾二淨。

這些事件的共通在於，展開事業時是為了經濟效益，終止事業時是受

⑥ 相當於台灣消費者保護委員會。

到社會壓力，無論開始或結束，都沒有任何內在規範在運作。尤其在決定展開一項新事業時，他們的判斷基準是「既然法律沒禁止，那就沒問題吧」。

在不確定的時代，決策時更需要基於「真、善、美」

僅以文字化的法規為根據，不探究判斷本身的正當與否，也不管判斷準則是否有基於「真、善、美」，這種思考方式在法學就叫做法律實證主義（Legal positivism）。以法律實證主義為準則的話，當然就不會過問「法律本身」的是非對錯。前面介紹的公車抵制事件中的警察那句「不知道，但法律就是法律」，正是一種法律實證主義的想法。

另一方面，相對於法律實證主義，法律哲學上還有另一種思考方式，它重視是否合乎自然或人類本性，以及決定是否基於「真、善、美」的原則，這種思考方式被稱為自然法理論。不同於法律實證主義，若以自然法理論為準則，法律本身的是非對錯，就會成為批判檢討的對象。

不同於自然法理論，法律實證主義是人為而威權式地制定而成的。在制定此種法律時，立法者會將該法律預設成，能在當時的狀況下對社會內部發生正面作用的法規，是一種適用於固定而封閉的體制的法規。

然而，近年來各種違反倫理事件頻發，都是因為法律的修訂，趕不上科技與商業模式的變化。現今，尤其在基因編輯、人工智慧等領域，要判斷倫理的是非對錯極為困難。因為經常傳出這類狀況，所以貫徹法律實證主義，將法律的明文規定當作唯一的判斷標準，是一種非常危險的思想。

原因在於，光以「沒有違法」為由，做出大大偏離倫理正軌的行為，最後就有可能遭到社會的制裁。

那麼，我們該以什麼做為判斷依據呢？相信大家都已猜到了。在體制變化太快，法規制定太慢，法規追不上制度的世界裡，自然法的思考方式，將會愈來愈重要。也就是說，我們需要遵循內化的價值觀與審美意識，「任性」地做出判斷。

或許有人會問：「難道我們只能仰賴這麼模稜兩可的概念嗎？」但筆者覺得恰恰相反。成文法規在體制的牽引下，不知何時會被修改，既然如此，與其仰賴成文法規，不如以內在堅定的價值觀為基準，根據自己一套「真、善、美」的原則進行判斷，才比較不容易犯錯。實際上，不少持續創造好成績的企業，都是以這類「自己的價值觀」做為企業宗旨。

Google 具策略性又合乎邏輯的判斷標準

比方說，Google 有一條眾所周知的企業宗旨，那就是「不作惡」（Don't be evil）。若當成行為規範來看，則會覺得這條準則非常特立獨行，但若將這句話看成在表達「Google 的價值觀等於任性」，那就很好理解了。

Google 在發展的資訊通訊、人工智慧的事業，是變化極端劇烈的兩塊領域，換言之，這個領域裡，法規的制定總是跟不上體制的變化。在這樣的領域中經營大型的事業，若進行決策時，只依循成文法規的話，就有可能犯下致命性的錯誤。

那麼，該以什麼為判斷準則呢？他們想到的就是「用善惡的層面去思考」。Google 在企業宗旨中標榜「不作惡」，這和加州殘存之反主流文化的幼稚思想，全然不同。在這個體制不穩定的世界中，人類面對前所未有的商業環境並被迫做出選擇，這樣的環境中，為了不犯下致命錯誤，「不作惡」可說是極具策略性又合乎邏輯的企業宗旨。

這種「價值觀」也對經營上的重大決策做出了貢獻，Google 與美國國防部合作的專案，曾掀起一連串風波。據《紐約時報》，Google 對美軍的無人機影像辨識技術進行協助，而遭到公司內的大規模抗議，有四千六百名員工連署要求停止合作計畫，甚至陸續有員工為了表達抗議而辭職。[47]

對於公司將人工智慧的影像辨識技術，使用在武器上的經營判斷，Google 員工向經營高層提出異議，這既非基於法律，也非基於業界規範，而是出於他們內發性的倫理與道德。

在這場風波的影響下，最終 Google 經營高層，訂下了不將人工智慧用於武器的原則，並對外發表。這個例子十分明白地顯示，組織成員的審美意識與價值觀，如何對經營者起了強大的牽制作用。

日本的網路企業是只追求短期利益，讓不成熟的規則落在後頭，追著現狀跑；美國的網路業界是不惜捨棄短期利益，也要捍衛自己中長期的使命，結果前者的經濟成就卻不如後者，這真是十分諷刺的現象。

科技的進化正遠超乎人類的想像力，世界變得愈來愈ＶＵＣＡ，此時，若想讓科技與人類，繼續保持「人類為主，科技為輔」的關係，同時讓科技朝著使人類的建設更加富足的方向進化，那麼使用科技的人類自己，就必須擁有除了規則以外的判斷依據。

47 https://www.nytimes.com/2018/06/01/technology/google-pentagon-project-maven.html

新人類重點整理

現今的世界，愈是技術先進且對社會帶來影響的領域，例如基因分析、人工智能，愈是呈現出規則不成熟的狀態。擁有「成熟的心智」，能根據自己內在的規範與審美意識判斷事物，而不一切仰賴規則，已成為現今世上不可或缺的特質。

日本這十年間，特別是以網路相關的新創公司為中心，發生了各式各樣的企業醜聞。仔細確認這些醜聞的前因後果，會發現全都是一貫的模式——企業發現某個規則不夠完備的領域，一頭栽進去狂撈錢，最後遭到社會的撻伐而結束事業。

另一方面，Google 以「不作惡」做為企業宗旨，當企業在人工智慧方面與國防部進行共同開發，並有機會產生龐大利潤時，卻在公司員工的壓力下喊停。這個例子恰恰顯示出，具有自己的審美意識與規範的組織，會以

量化指標逐漸失去意義

前面探討過「產品愈來愈過剩，問題愈來愈稀少」的現狀，而這必然會將我們推向「量化指標愈來愈不具意義」的狀況中。

一直以來，用來衡量對象的表現，「量」是一個很方便的工具。其中最代表性的就是GDP（國內生產總值）。過去，GDP是衡量社會「富足度」的便利指標，但當GDP超過某個水準時，它就開始與幸福程度等的質化指標脫離關係，漸漸失去做為衡量指標的意義。這種「量化指標愈來愈不具意義」的問題，如今正在各領域中發酵。

我們可以透過壽命來思考這個問題。人類的平均壽命，呈現長期延長的趨勢，不久的將來有可能抵達一百歲。但若要問，這個數字再繼續延長下去，還有多大的意義？恐怕多數的人會不知該如何回答吧。

一個社會從平均壽命四十歲，翻倍延長至八十歲，與一個社會從平均壽命八十歲，翻倍延長至一百六十歲，兩者的意義截然不同。此時，我們重視的問題反而是「老年期的生活品質」。換言之，關於壽命，重點已從「量」的問題，移轉至「質」的問題上。如果「質」的問題不改善，繼續

48 摘自一九六八年三月十八日於堪薩斯大學的演講。由筆者翻譯成日文。https://en.wikipedia.org/wiki/Robert_F._Kennedy%27s_remarks_at_the_University_of_Kansas

追求「量」的提升，也沒有多大好處。

關於家電、汽車的功能，也能用同樣的道理來說明。比方說，相信各位讀者家中的電視遙控器上，應該有著多到令人咋舌的按鈕。其中許多按鈕連作用、功能是啥都搞不清楚，結果一次也沒按到就已經要拿去報廢了。你是否也有過類似經驗呢？

理所當然地，企業方需要成本來增加這些功能。但購買方並沒有享受到這些功能所帶來的好處，所以等於不具效果。換言之，成本增加了，價值卻不增反減，因為功能增加到一個限度時，產品會變得不好用，於是效果反而降低。

這麼做當然會造成生產率的下降，然而長期以來，許多日本企業只有在「有用處」的功能主軸上，追求數字上的提升，到如今仍不考慮在其他主軸上提供價值，還繼續走著提升數字的老路，直奔「生產率低下的末路窮途」。

汽車也是同樣的道理。目前，在日本銷售的汽車，多數都配有數百馬力的引擎，為了保障高馬力的安全性，而又增添了各式各樣的電腦控制程式。然而在日本，法定最高時速限制是一百公里，市區中最多只能開到十幾公里的速度，那為何需要這麼強的馬力，還非得用電腦程式來控制不可？要提高引擎輸出的動力，當然就必須開發、搭載能駕馭該動力的電腦程式，而這就變成成本增加的主要原因。

但另一方面，在日本的道路上，汽車最快能跑幾十公里就夠了，所以實質效果幾乎沒有得到提升。而且輸出動力上升時，操縱失誤的容許度就會下降，從此點來看，實質效果反倒降低了。[49] 所以，在汽車也同樣產生了「無意義的量的提升會造成質的下降」的問題。

這種「量愈高，增加一單位的效果愈小」的現象，經濟學上稱為「邊際效用遞減法則」。

既然稱為「法則」就表示這是普遍存在的現象，但我們仍傾向於用「量的單一標準」判斷事物的好壞。然而正如前述，在這個繼續執行「數量上的改善」幾乎不具任何意義的情況下，舊人類卻只懂得用量化指標來衡量、管理事物的表現，於是邊際效用遞減法則就會成為枷鎖，使他們陷入無法創造價值之窘境。

49 最近，因高齡者的操作失誤，所導致的車禍消息不絕於耳。其中多數是因為錯把離合器當煞車踩，但話說回來，筆者從以前就在思考，「光是踩錯」就能讓質量超過一噸重的物體輕易地向前暴衝，這種系統本身就存在著重大瑕疵。增減速的控制，無論在飛機或船隻上，都是以簡單的單系統控制。相對地，最多人駕駛的汽車，不知為何卻要採用複雜的離合器加煞車的雙系

以GDP為衡量指標使狗屁工作增加

最近，許多人在討論「是要追求經濟成長，還是要轉型成穩態經濟（Steady-State Economy）」。這雖然是個重要問題，但有一點令人頗為憂心。那就是，無論是主張「成長很重要」，還是主張「該轉型成穩態」，兩邊的人都「將討論的前提放在以GDP做為衡量的標準上」。

乍看之下，兩邊是互相對立的意見，但他們卻有著一個相同的思維，就是「把經濟當成衡量社會狀況的唯一標準」。

然而，光靠量化的經濟指標就能衡量社會應有狀態的時代，早已告終。換言之，真正該問的不是「該成長還是該穩態」，而是「能代替經濟的、新的質化指標是什麼」。

雖然這個問題已經有許多人在討論，但筆者仍想在此跟各位探討一下這個問題。以「GDP」為代表的經濟指標，在今日的日本，幾乎完全無法當作衡量社會健全性和福利完善度的指標。

在此狀況下，還一味追求經濟指標，可說是典型的舊人類思考模式。今日的我們必須找到多個經濟以外的指標，多角性地衡量、管理社會健全

統，而且還是用較不靈敏的腳來控制，但這方面恐怕很難改善。此外，筆者還想指出安全裝置的問題。不消說，槍當然是十分危險的物品，但它絕對會配有防止走火的安全裝置。可以自在地釋放出幾乎與槍同等能量的汽車，卻沒有安全裝置保護，只要「一瞬間的踩錯」，就能讓數萬牛頓的能量，透過腳下釋放。不管如何，筆者認為，在最高時速只能到一百公里的日本，與其一味提高馬力，更重要的應該是，搭載「絕不允許暴衝」的安全控制程式。遺憾的是，到目前為止，完全看不到任何汽車公司提出相關方案，可能是因為這不是一門賺錢的生意吧。

時使用多項衡量標準」。舊人類會使用量化的單一標準，判斷事物的「好或壞」，相對地，新人類則是拒絕簡化性的做法，不用單一標準判斷事物的「好與壞」。

換言之，新人類的做法是，使用多項衡量標準，以避開致命性的浩劫，追求一個均衡發展的成熟狀態。

日本人回頭看看自己就會發現，同時使用多項標準，並取得絕妙的均衡，這正是日本的拿手絕活。

山本七平先生在其著作《「空氣」的研究》（「空気」の研究）一書中，提到他被關在戰俘營時，一個美國士兵試圖教導他們進化論的往事。因為美國兵覺得，日本人相信天皇是神明在世⑦，簡直愚昧無知，於是開始告訴日本兵，人類不是由神轉生而來的，是從猿猴進化而來。山本七平和其他日本兵就說：「我們早就知道了。」美國兵一聽非常震驚，反問說：「那你們為什麼還相信天皇是神明在世？」

結果，他們只能回答：「此是此，彼是彼。」這個故事可說是，充分展現出日本人「雙聯標準（Dual Standard）的特質」。對我們日本人來說，這麼理所當然的「這是這，那是那」的感覺，竟是一種令美國人吃驚的思

⑦ 日本古代認為，天皇是以人類姿態出現的神，二戰後，昭和天皇發表《人間宣言》，放棄天皇被賦予的神性。

維模式。

將這種雙聯標準的特質，以完整系統呈現出來的，就是日本人的語言。日本人隨時隨地都在將四種文字混合使用，實在是非常巧妙。

日本文化原本沒有文字，到了古墳時代（約西元二五〇年～七世紀末），大量的漢字與佛經自中國傳入。現在的日本人面對那種狀況，大概會跟現在學英文一樣，努力學中文來跟對方交流吧。

然而，當時的日本人並沒有直接採行中文，而是原封不動地將當時的日文口語保留下來，再用漢字去對應日文發音，這種做法十分巧妙。

到最後，日文中變成有漢字、平假名、片假名、英文字母四種文字，每個日本人都會在日常生活中，恰當地組合使用這四種文字。不僅如此，其中漢字還分成「音讀」和「訓讀」兩種讀法⑧，這本身又是一種雙聯標準，如此複雜的語言文字系統，日本人卻輕鬆駕馭。

世界上有些國家，會將兩種以上的語言，指定為第一官方語言、第二官方語言……以此類推。這表示兩種語言系統，是以相互排斥的狀態運作的，而這是所謂雙重標準，然而日本的語言系統卻非如此。一個大的系統中，多個不同來由的元素，渾然天成地融為一體，因此日文是雙聯系統。

⑧ 音讀是用漢語發音來唸漢字，訓讀是用日本固有的同義詞的讀音來唸漢字。

日本吸收來自海外各式各樣的事物，而且不像其他許多國家，將其分別看成是不同的獨立系統，這就是說，單一標準原本就不是日本人擅長的本領。

日本是一個「雙聯標準」的民族，換言之，就是能並進式地處理多項衡量標準，藉此巧妙地迴避浩劫，不會因視野狹隘地追求單一標準，而陷入災難。

明治時期（一八六八～一九一二）之後，日本人就捨棄了這項特質，一路來都在做著自己本來就不擅長的事，才會陷入像現在這種處處碰壁的狀態。關於此點，我們有必要認真地進行反思。

「意義」無法以量化指標衡量

我們需要量化指標與質化指標的雙聯標準，這項主張也與上一章提的「意義市場的戰爭」有關聯。

如前所述，因為在「有用處」的市場中，評價指標是收斂（趨於一致）的，所以設定ＫＰＩ再加以改善的「量化指標的企業管理」，是能夠有效運作的。然而，這種方式在「有意義」的市場上，卻無法有效運作。這也是理所當然，因為「對某個人而言的意義大小」是無法用數值來表示的。

時尚名牌就是代表性的「意義市場」，從時尚名牌來思考，就能馬上明白筆者所言。對喜愛 Comme des Garçons 的人而言，Comme des Garçons 的衣服所具有的意義，與喜愛 ISSEY MIYAKE 的人而言，ISSEY MIYAKE 的衣服所具有的意義，兩者各自都是獨一無二、且無法化約成確切數值的。換言之，在「意義市場」裡，顧客價值是無法數值化的。既然無法數值化，就無法透過KPI進行管理。

在這樣的市場上，過去在「有用處」的市場中順利發揮功效的企業管理法，還要在現在執意拿來使用的話，最後就會只剩下與意義脫離關係的數值，讓最重要的意義被棄之不顧，於是陷入失去競爭力的窘況。當狀況演變至此，還一味設下量化指標當作決策依據，只能說是舊人類才有的思考模式。

反之，在這樣的市場上，新人類則會將量化指標當作雙聯標準中的其中一項指標，同時也納入無法量化裁定的、品質層面上的價值判斷標準，綜合且直覺性地進行判斷。

新人類重點整理

現在衡量事物的表現時，使用的是量化指標。但所有量化指標都會受制於「邊際效用遞減法則」，因此數量上愈得到改善，能感受到的效果就愈小。

尤其在日本，無論是GDP、壽命、家電產品的性能等的「量化指標」，全都已經來到繼續改善也意義不大的階段，相對地，日本人對於「幸福」、「存在價值」、「意義」等的「質化評價」，開始變得愈來愈關心。

當時代演進至此，在管理上，舊人類依舊只靠數字可測量的「量化指標」判斷事物的好壞。此時，無論從事物改善的面向來看，或從人員工作動力的面向來看，都已無法發揮效果。

日本人原本就不善於在單一指標下只遵從唯一的聲音去思考；真正得心應手的反而是，同時啟動多項指標，透過這些指標間的平衡，摸索出一個「感覺上不錯的平衡點」。

今後，需要的新人類思考模式是，不只要看量化指標，同時也要懂得注重品質面，並在兩者間取得均衡，在質與量上同時追求發展。

第五章

新人類的工作風格

從低流動性 ◀ 到高流動性

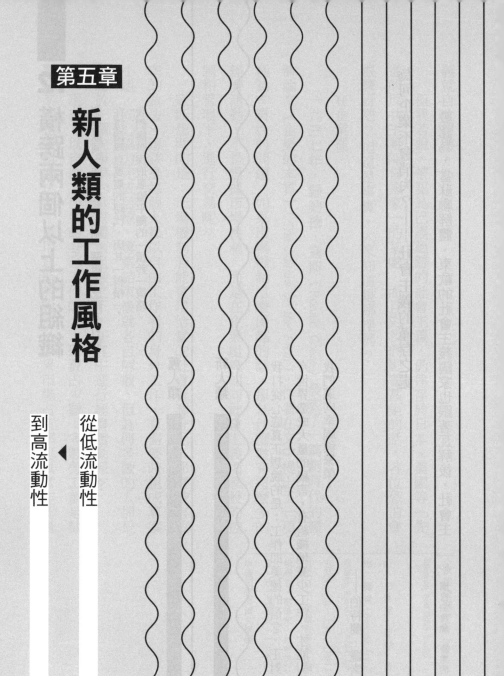

一個體制成功與否的指標，那麼勞動市場本身，不就是一種失敗的制度嗎？

當然，倘若這個社會是連商事法等法律都不夠完備，沒有人能保證對方會誠實地履行契約的話，勞動市場就無法正常運作，此時，多數人在官僚體系的組織下工作，就不顯得有啥奇怪。

然而，包括日本的眾多已開發國家，自二十世紀中葉起，法律就日趨完備，因此以上的理由已無法再當成原因。

關於這個疑問，寇斯自己歸結出的答案是，因為要將交易成本最小化。在一個健全運作的市場中，高成本的組織當然會在競爭中敗陣下來。因此，寇斯認為，大型官僚體系的企業組織，其「勞動型態」適合在市場中存活，因為他們有著成本面的優勢，所以不會被自然淘汰。但市場機制的效率，原本應該比其他任何體制都更勝一籌才對。

為何自由勞動市場，會在效率面輸給官僚體系的大企業呢？關於市場機制效率不彰的問題，寇斯舉出了以下幾點原因：

搜尋成本　查出市場上最恰當的價格水準，以及找到交易對象所需的費用與時間。

商議成本 與交易對象進行商議到達成共識所需的費用與時間。

簽約成本 與交易對象確認契約內容到簽下有效契約所需的費用與時間。

監督成本 監督交易對象是否有在履行契約所需的費用與時間。

以上就是寇斯指出的「勞動市場的效率不彰之處」，讀畢後，讀者們有沒有什麼發現？沒錯，這些全都是與「資訊」有關的問題，這與今日快速普及的數位技術一拍即合。

企業組織之所以比市場機制具有優勢，是因為企業能將經濟活動必然產生的交易相關費用的總和，壓縮至比市場機制低廉。然而，如今一連串的數位技術，有可能翻轉這種關係，讓勞動市場的優勢超越企業組織。

「壟斷化」與「分散化」的兩極化同時發生

或許有人會對以上論述不敢苟同。畢竟從各種統計資料來看，反倒是企業的壟斷程度愈來愈高，「大企業」在社會上的份量感愈來愈強。

舉例來說，《經濟學人》雜誌曾對美國八百九十三家各行各業的公司進行調查，結果排名前四名的公司，市占率（以營業額為基礎）加權平均從一九九七年的百分之二十六，到二〇一二年時上漲至百分之三十二。[52]再舉一個比較貼近生活的例子，日本手機的市占率，在二〇〇〇～二〇〇五年這段期間，合計共占約百分之五十的前四家公司，到了二〇一八年，上升至百分之八十左右，壟斷化的傾向十分顯著。

若將時間軸拉長來看，就會發現在汽車、家電、金融、電信、通路等業界也有相同傾向，這與「企業組織相較於市場機制的優勢」正在降低的說法相互衝突。

大企業日益壟斷現象，與筆者指出的「不依附於單一企業組織，活躍於多個組織的個人正在崛起」的現象，確實看似矛盾，但實際上卻互不牴觸。大企業的壟斷化與不依附於企業的個人崛起，這兩種趨勢可看成是，正在進行的兩極化現象的兩端。

證據在於各種統計皆顯示，不隸屬於任何企業的勞動者，也就是所謂的自由工作者，人數正在攀升。比方說，日本厚生勞動省公布的《自由職業白書》指出，目前日本擁有超過一千萬名的自由工作者。而美國情況更

52 "Corporate Concentration," Economist, March 24, 2016, http://economist.com/blogs/graphicdetail/2016/03/daily-chart-13.

為顯著，現在已有超過五千萬名的自由工作者，甚至有預測指出，不久的將來自由工作者將占美國總勞動力的半數。[53]

換言之，大企業的壟斷趨勢，與自由工作者等小型競爭者的崛起趨勢，應看成是正在同時發生的現象。

本書已探討過一種兩極化的現象：一方面，在「有用處」的市場上，領先企業正在加速壟斷；另一方面，在「有意義」的市場上，因全球化與利基，而加速了多樣化的發生。此處所談論的大企業的壟斷與小型競爭者的崛起，也可看成是這種兩極化的表徵。

更進一步來說，「大企業壟斷」的趨勢，與自由工作者這種勞動型態的增加，其實是互不矛盾的。比方說，蘋果電腦、Google、亞馬遜等「主導性企業」所提供的平台，能讓不屬於任何組織的自由工作者，以某種形式從事營利行為，這就說明了巨型企業的壟斷趨勢，與自由工作者的興起，是正在同時發生的事。

舉例來說，以筆者正在撰寫本書的二〇一九年來看，YouTuber（YouTube 影片創作者）在小學生憧憬的職業排行榜上，已攀升成為前幾名，而 YouTuber 正是因為有 YouTube 這個巨大的平台才能存在的職業。

53 https://www.slideshare.net/upwork/freelancing-in-america-2017/1

職業生涯的槓鈴策略

面對這兩種極端，我們該如何選擇呢？正確答案是「兩邊都選」。《黑天鵝效應》、《反脆弱》等全球暢銷書的做作者納西姆・塔雷伯，提出了一種策略，他將之命名為「槓鈴策略」（Barbell Strategy）。槓鈴策略是指，同時跨足兩種風險度迥異的職業，塔雷伯在說明這種策略時，舉了一個例子：「百分之九十是會計師，百分之十是搖滾明星的生存之道」。

什麼？你有聽沒有懂？

簡單來說，他的想法是透過上行收益和下行風險⑩，來進行不對稱的工作組合。

比方說，以搖滾歌手的身分從事經濟活動，並不需要太大的投資，最多只須自掏腰包製作專輯，即使賣不出去，損失的也只有專輯的製作費而已。換言之，這個職業的下行風險非常小。

相反地，如果因為某個機緣，專輯大賣，那就能得到金額龐大的報酬和響亮的名聲。換言之，上行收益極大。這就是所謂的「上行收益與下行風險的不對稱」。一邊擁有一個穩定的職業，另一邊在人生中加入一份可

⑩ Upside risk 和 Downside risk，前者是指獲利的可能性，後者是指虧損的可能性。

能大賺一筆的上行收益職業，這就是塔雷伯所說的槓鈴策略。

有人可能會詫異地問：「真有可能過這種生活嗎？」但其實這種生活並非罕見。回溯那些成就非凡的大人物經歷，就能發現其中以槓鈴策略博得成功的，大有人在。

愛因斯坦也曾身體力行「槓鈴策略」

愛因斯坦就是一個典型例子。大家都知道，愛因斯坦是二十世紀最頂尖的物理學家，為他贏得諾貝爾獎的「光量子假說」的論文，就是他一邊在瑞士伯恩的專利局擔任專利審查員，一邊利用空閒時間撰寫的。

換言之，愛因斯坦一邊在從事一個風險極小的工作——專利局的公務員，一邊也在撰寫科學論文，並以此論文得到了諾貝爾獎。寫論文幾乎沒有任何下行風險，即使失敗，失去的不過就是時間和稿紙罷了。

然而，它的上行收益卻是無限的。這篇論文為愛因斯坦博得了國際性的聲譽，這可說是槓鈴策略的典型成功案例。

本書第一章指出，這個世界愈來愈ＶＵＣＡ，也就是愈來愈曖昧、不

織人」（Organization man）的身分，依附組織生存，將承受愈來愈大的風險，而且報酬也在逐漸減少。

今後的世界的兩極化現象——大企業的市場壟斷化，與個人等的小規模組織的多樣化及百家爭鳴——將愈來愈顯著。此時，要從事哪種立場的工作，將成為一項重大選擇。其中風險最低的，就是採取槓鈴策略：「同時從事兩種市場定位的工作」。

13 在能提高自我價值的層級上努力

盲目相信「只要努力一定有回報」可能只會浪費生命，
認清自己、找到能夠重新出發的點也許更有意義。

舊人類 在目前的位置上堅忍不拔

新人類 將自己置於能夠勝出的位置

記者：藝術家的成功秘訣是什麼？
安迪・沃荷[54]：大概是，要在對的時候，待在對的場所吧。

「努力就能實現夢想」的價值觀所具有的危險性

不少人認為，即使身在寒窗無人問，只要腳踏實地、認真努力，總有一天會一舉成名天下知。這些人的信念是「世界應該是公正的，實際也是

54 安迪・沃荷（Andy Warhol，一九二八年八月六

響，會依據技能的領域而有大小不同，關於習得技能所需時間，並沒有一個固定標準是放諸四海皆準的。」[55]

有趣的是，該論文按不同領域，整理出了「練習量的多寡反映在表現結果上之落差的程度」：

・電玩……26％
・樂器……21％
・運動……18％
・教育……4％
・專業知識的職務……1％以下

葛拉威爾根據小提琴家的相關研究，推導出「一萬小時定律」，而我們可以從這篇論文的結果得知，相對而言，樂器確實一個是練習量能對表現產生較大影響的領域。

然而，看看我們多數人從事的專業知識職務，就會發現努力的多寡與表現的優劣之間，幾乎是毫無相關性可言。

55 Brooke N. Macnamara (Princeton University), David Z. Hambrick (Michigan State University), And Frederick L.Oswald (Rice University), [Deliberate Practice and Performance in Music, Games, Sports, Education, and Professions: A Meta-Analysis], Association for Psychological Science 2012.

這些數字能讓我們明白，葛拉威爾所主張的「一萬小時定律」是多麼誤導人的惡質論述。

「努力一定會有回報」的論述所反映出的某種世界觀，聽起確實很美好。但這只是一種夢想，現實世界並非如此。若不能正視這個事實，恐怕就很難將「自己的人生」活得豐富而有意義了。

不改變「努力的層級」再怎麼加倍努力也毫無意義

「努力」並非沒有意義，但關鍵是在「提升努力的層級」。

努力是具有層級性的。比方說，當一個人在某個職場上，加倍努力還是得不到成果時，那麼說不定不是努力不足，而是「環境的問題」，也就是說，有可能是該工作所需的資質，並不符合當事人所具備的資質。

此時，這個人可以努力不懈地堅持下去，也就是繼續做出「層級一的努力」；或者，他也展開「層級二的努力」，也就是認清「不適合」的事實，進而思考自己適合什麼樣的工作，收集各種資訊，為自己找到下一份工作。

在同一職場的人眼中，或許「層級二的努力」，看起來無異於「迴避問題」，但這並非事實。不管自己被分派到哪裡，都不加思索地接受，一味做著顯而易見的努力，這種層級一的行為模式，反而也可以解釋成「用不花大腦的努力來迴避問題」。

在這兩種不同的層級中，層級二的努力今後將變得更加重要。正如第一章所述，現在從中長期來看，我們的職業生涯正在逐步延長，但另一方面，世界快速變化，我們與工作之間的關係，將變得比過去短暫。

此時，繼續採取舊人類的行為模式，只懂得以層級一的努力來改善狀況的話，恐怕會變成是在無法開花結果的地方，持續做著徒勞無功的努力。在這樣的世界裡，有彈性地臨機應變，隨時隨地置身於一個能讓自己的價值相對提高的位置上，才是今後需要的新人類行為模式。

改變自我定位而獲得諾貝爾獎的山中伸彌

諾貝爾醫學獎得主山中伸彌的職業生涯，正是實踐了新人類的工作風格，他就是透過改變定位，才能將自我價值提升至最高，因此獲得了非凡的成就。

山中先生原本的夢想是，成為一名運動醫學的骨科醫師。一九八七年，他以骨科代訓醫師的身分，展開實習工作，但因對手術的不擅長，讓他感到這份工作「並不適合」，兩年後，他進入藥理學研究科就讀，學習基礎醫學。

然而，傳統的藥理學令他產生強烈的挫折感，他在這裡也難以持續下去，但他在研究中，邂逅了基因剔除小鼠（Knockout mouse，為了推斷基因的功能，而讓特定基因無法發揮作用的實驗小鼠）而受到衝擊，他直覺性地認為，這個領域將會出現重大突破。

取得博士學位後，他在美國格拉斯通研究所（Gladstone Institutes），從最基礎開始學習分子生物學，並對能轉變成任何細胞的胚胎幹細胞產生興趣。回國後，他在大阪市立大學醫學院擔任助手，並從零開始研究胚胎幹細胞。

其研究內容為「從皮膚等體細胞，製造出和胚胎幹細胞一樣的細胞，而非從取自受精卵培養而成的胚胎開始製造」，這是一項空前的挑戰。能不能成功，誰也不知道。但如果成功的話，就能一次解決兩個問題：使用大家經常說的「一萬小時定律」（＝無論在任何領域，只要累積一萬小時的練習，就能達到世界級的水準），雖不能說是錯的，但從其他的研究結果發現，這並不是在任何領域中都能成立的普遍定律，練習量與提升技能之間的關係，在每個技術領域都有所不同。

我們知道，幫助我們成長的肥料是「體驗的品質」與「工作的環境」。要改善「體驗的品質」與「工作的環境」，就必須將自己定位在適合自己的「場域」。舊人類會留在原地，漫無目標地努力；新人類則會透過改變場所（＝定位），以加速自我成長。

14 進入適合自己內在動機的「場域」

「意義」能改變一個工作的性質，
也就是說，沒有意義，你就只是受命令驅動的人，
有了意義，完成任務的滿足感與成功率都會變高。

舊人類 受命令驅使而工作

新人類 受好奇心驅使而工作

工作若是樂趣，人生就是天堂！
工作若是義務，人生就是地獄！

——馬克西姆．高爾基《底層》

為何大企業會在網路事業上慘遭滑鐵盧？

今日，大眾在網路上使用的各種服務，像是搜尋引擎、電子商務、影片分享網站等等，都是由三十年前不存在的新興企業所提供。

光輝合益集團（Korn Ferry Hay Group）至今的研究來看，其有一項因素很肯定的因素，就是「工作動力的差異」。

在思考工作動力的問題時，有一個故事能帶給我們非常象徵性的啟示，那就是阿蒙森與史考特的「搶登南極點」競賽。

二十世紀初，對許多一心想要擴張領土的帝國主義國家而言，哪個國家最先抵達極點，是一件重要大事。挪威探險家羅爾德・阿蒙森（Roald Amundsen），生在這樣的時代，因此自年幼起就夢想自己能夠成為登極點的第一人，而他生命中的一切活動，都是在為了實現這個夢想而佈局。

只要看看以下描述，就可窺知他為了夢想，做得多麼徹底。如果我們身邊出現這樣的人，甚至有可能被視為瘋子：

- 小時候，他為了鍛鍊出強健的體魄，以抵禦極地的嚴寒，因而在寒冬中敞開臥房窗戶，穿著薄衣入睡。
- 他分析過去的探險案例，並掌握船長與探險隊長的不合，是最大的失敗因素。他認為只要一人身兼船長和隊長，就能避開最大失敗因素，因此刻意在成為探險家之前，先取得了船長的資格。

・關於「極地所需的附帶性技術與知識」，包括狗拉雪橇、滑雪、露營等，他也自幼就開始認真學習，積極累積「實地」經驗。

另一方面，英國的羅伯特・史考特（Robert Scott）是阿蒙森在這場極地競賽中的競爭對手。史考特出生軍事菁英世家，他當時是英國海軍少校，而他的夢想就是要在軍隊中出人頭地。

對於征服極點，史考特當然不像阿蒙森那樣懷抱憧憬。在他眼中，南極就是帝國主義尚未收服的最後一塊大陸，而他不過是服從軍令，前往南極，成為征服最後大陸的尖兵。因此，對於過去極地探險隊的經驗，以及極地所需的訓練、知識，他可說是徹徹底底的外行人。

這場競賽的結果，眾所周知地，阿蒙森最後以「壓倒性的差距」取得勝利。阿蒙森隊使用狗拉雪橇，以一天前進五十公里的神速，轉眼就抵達了極點，並順利折返。

想當然耳，隊上沒有任何人犧牲，隊員的健康狀態也十分良好。另一方面，史考特隊所準備的主力運輸工具——電動雪橇、馬匹——完全派不上用場，後來還莫名其妙地演變成由人拖著兩百四十公斤、載著犬隻的雪地解讀這些故事，就會得到一個結論：「具有自發性動力人，對比受上級命令而動的人，前者勝出的機率較大」。

前面已談論過，企業所保有的企業資源中，「人」是可變性最高的資源。換言之，假設有兩個潛能相同的人，一個是受自發性動機驅動的新人類，一個是透過上級命令驅動的舊人類，相較之下，前者表現卓越的機率，比後者高。

本書已論述過關於「意義的重要性」，因為意義能使人的能力得到提升。而擁有自發性動力的新人類，就是能夠自行賦予工作「意義」的人才。

這些啟示敦促了我們採取什麼樣的行動？這個問題可以從企業管理的立場和個人立場兩個角度來討論。

首先，從企業管理的立場來看，我們可以知道，以往透過業績、服從性來升官嘉獎的做法，是具有危險性的。一般來說，企業經常會在大型的創新專案中，投入過去戰績輝煌的主力戰將。

但這些「持續展現輝煌戰績的主力戰將」，並不一定是受到自發性的動機所驅動。目前，企業在人才配置上的主流做法很單純，就是以線性關係來看待職務的重要性與當事人所發揮的能力，也就是說，重要性愈高的任務，就分派給能力愈強的人才。

然而，根據麥克利蘭（David McClelland）以及光輝合益集團以往的研究結果顯示，任務與能力的關係並沒有這麼單純，能力背後的「動機」會對工作的表現產生重大影響，也就是說，根據動機的型態，每個人適合的工作類型也會不同。

其次，從個人立場的需求來思考的話，新人類會想方設法，讓自己置身於一個能引起自發性動機的場域；舊人類則是會絞盡腦汁去忠實完成上級的命令。

然而，結果正如前述，受自發性動力驅動的新人類，與遵從上級命令指示而動作的舊人類，兩者相互競爭時，舊人類勢必落敗。

問一個已知結果的人：「如果可以選擇，阿蒙森和史考特，你要當哪一個？」應該沒有人會選擇史考特吧。前者是執行自己打從心底喜愛的探險，最後平安而返，贏得探險家的美名；反之，後者是受到上級命令，無可奈還地接受自己毫無興趣的探險，在經歷酷刑般的遭遇後，不僅讓所有手下都丟了性命，連自己也一命嗚呼。

當史考特成為探險隊僅存的最後一人時，他在日記寫下：「很遺憾，

15 對專家與門外漢的意見一視同仁

專家擁有豐富相關知識，但也因此受限於既有想法；
門外漢可能一無所知，但正好能針對問題提出「偶然」的刺激。

舊人類 重視專家意見

新人類 也傾聽門外漢的說法

他們是沒有中心思想的專業人士，沒有情緒感受的享樂者。
這些「無思無感的人」將會沾沾自喜地以為，自己迄及了人性不曾到達的境界。[56]

——馬克斯・韋伯[57]

專家跌落神壇——門外漢的問題解決能力超越專家的時代

在VUCA化的世界裡，過去累積的知識與經驗，迅速變得老朽無

56 摘自馬克斯・韋伯《新

用。這意味著長年累積專門知識與經驗的「專家」，將會失去其地位。

所謂專家，是指長期從事特定領域的工作，因此在該領域擁有博大精深的知識與經驗的人。然而，依照這種想法，不加思索地遵照專家的意見及指示行動，已逐漸淪為典型的舊人類行為模式。

為何筆者敢這麼說呢？因為現在有愈來愈多案例顯示，從相對上來說，這類專家的表現輸給了「門外漢」。

舉例來說，基因體研究者卡林・拉哈尼（Karim Lakhani）等人，發表論文指出，當他們利用群眾外包⑫來提升白血球基因體定序的演算法功能時，許多回答者都是所學與免疫遺傳學無關的門外漢，而且其中一些答案，甚至能大幅提升既有的演算法的精準度與速度。[58]

近年，還有大量的報告指出，門外漢解決了許多令專家們傷透腦筋的難題：

> 過去五年，我們以群眾為對象，為美國太空總署（NASA）、醫學研究所、知名企業等組織機構，舉辦了超過七百場點子大賽。其中，沒有群眾參加，也就是沒有任何人挑戰問題的，僅僅

教倫理與資本主義精神》（The Protestant Ethic and the Spirit of Capitalism）。

57 馬克斯・韋伯（一八六四年四月二十一日～一九二〇年六月十四日）。德國的政治學家、社會學家、經濟學家。

⑫ Crowdsourcing，允許個人或組織，透過大量的網路用戶來取得服務和想法。

58 https://hbr.org/2013/04/using-the-crowd-as-an-innovation-partner

一本是萊爾（Charles Lyell）的《地質學原理》（*Principles of Geology*）。該書提到「地層是因長期的作用累積而造成變化」，達爾文將這句話加以延伸，聯想到「會不會動植物也是如此？」的假說。

另一本書，則是大名鼎鼎的馬爾薩斯（Thomas Malthus）所著的《人口論》（*An Essay on the Principle of Population*）。《人口論》中提出一項預言：「糧食生產僅會呈等差數列增長，人口卻會呈等比數列增加，所以最後一定會因糧食增長有限，而使人口增加觸頂」，這就是所謂的「馬爾薩斯陷阱」（Malthusian trap）。這項預言在當時引發熱烈討論，而達爾文閱讀此書後，推導出其假說：既然動物界中也經常會發生食物供應有限的狀況，那麼動物因應環境發生變化，在物種的延續上就是十分重要的事。

這兩項假說結合後，就形成了「物競天擇」的理論，但值得注意的是，達爾文本身的專業，以及為他帶來靈感的兩本著作，都與「生物學」無關。

專家會阻絕嶄新的構思

反過來看，會發現過度依賴專家，還有可能對設定議題或解決問題的能力，造成嚴重打擊。最糟糕的例子，就發生在日本東海道新幹線的研發上。

東海道新幹線的基本理念，是利用時速兩百公里、從東京到大阪只需三小時的超高速列車，來對抗逐漸崛起的航空產業。但老牌的鐵道工程師們，卻對這項理念強烈反對。

他們認為，當時頻繁發生的列車出軌事故，是肇因於「軌道的扭曲」，並主張只要無法解決這個問題，就不可能開發出時速兩百公里的列車。

另一方面，協助東海道新幹線的技術開發的是，曾在太平洋戰爭中研發過零式戰鬥機等飛行器的技術人士。這些門外漢的技術人士，曾經解決過造成飛行器機翼損壞的「顫振」（flutter）問題，他們據此認為列車的出軌也是振動所造成，因此再三提出利用振動控制的技術就能克服問題，但鐵道的技術人員，怎麼也聽不進去。

如今，東海道新幹線不僅每年載運一億人次的旅客，而且還是開創了全球各國超高速鐵路的先河。如果當時的列車研發，被身為專家的老牌鐵道技術人員擋下，一定也會讓我們今日的世界變得有些不同。

如何結合核心的工作與群眾的工作

在急速VUCA化的世界裡，如何將組織內部核心的專家與組織外部群眾的門外漢組合起來，將會對創造企業價值的能力，產生巨大的影響。

本書已探討過「問題愈來愈稀少及解決對策愈來愈過剩」的問題，並指出開放式創新的窒礙難行是起因於「問題的稀少化」。而這個問題恰恰關係到核心與群眾的職責分配。也就是說，未來將逐漸走向「設定問題」交由核心負責，「擬定解決對策」則交由群眾出主意。

無論一個組織的知識與經驗再怎麼豐富，只要拿組織「核心」（＝內部）與「群眾」（＝無限的外部）比較，在知識量與經驗量上，「內部」絕不可能勝過「無限的外部」。

既然如此，為何以往的組織要依賴核心的專家，來提出創新之舉呢？理由十分簡單，因為在過去的科技和社會結構下，企業支付不起與群眾進行資訊交流所需的龐大成本。

但如今的社會，資訊流通的邊際成本基本上為零，仰賴核心解決問題的舊人類的思考及行為模式，已愈來愈不符合需求。

對此ＮＡＳＡ就有過親身經驗。長期以來，ＮＡＳＡ費盡心思，仍無法提高對太陽閃焰的預測準確度。因為太陽閃焰會導致太陽產生拋射出高能量粒子的現象（＝太陽質子事件），此時，太陽輻射就有可能達到對宇宙中的機具與人員造成傷害的程度。

奮戰長達三十五年，ＮＡＳＡ仍找不出方法，來精準預測太陽質子事件的發生、釋放量及期間。[59]

ＮＡＳＡ放棄由內部解決後，便決定將長期累積下來的太陽質子事件相關數據，公布在 InnoCentive 上。InnoCentive 是一種群眾外包平台，專門為研究開發上遇到瓶頸的企業，在網路上廣徵解決對策。

最後，這個問題是由一名退休的無線電工程師布魯斯·克拉金（Bruce Cragin）所解開，然而他毫無宇宙物理學方面的知識和經驗。使用克拉金發明的方法，能在八小時前以百分之八十五的準確率，二十四小時前以百分之七十五的準確率，預測出太陽質子事件的發生。

這段軼事說明了，仰賴由專家所組成的核心來解決問題，已淪為舊人類的行為模式；新人類的行為模式則是，能一視同仁地看待門外漢與專家的意見。在這樣的時代裡，後者將具有更出色的問題解決能力。

59 "NASA Announces Winners of Space Life Sciences Open Innovation Competition." NASA-Johnson Space Center-Johnson News, http://www.nasa.gov/centers/johnson/news/releases/2010/J10-017.html (accessed Oct 30, 2018)

新人類重點整理

在VUCA化的世界裡，若過去累積的經驗與知識，急速失去價值的話，「專家」的價值也會隨之降低。

近來，在開放式創新的幫助下，有愈來愈多案例是，透過門外漢解決了專家長期無法解決的問題。

過去的創新之舉，多半是由「門外漢」所發起，「專家」反倒成為絆腳石的例子也不在少數。

尤其是在現今這個世界裡，「專家」的價值因VUCA化而減損，若採用舊人類的思考模式盲目地相信專家，反而有可能讓創新之舉胎死腹中。

這樣的時代需要的是，對專家和門外漢的意見一視同仁，且能中性且公正無私地看待兩者的新人類行為模式。

第六章

新人類的職涯策略

從符合期待 ◀ 到偶發性

賢人理應利用各式各樣的事物，盡可能地享受樂趣（但被非做到厭煩為止，因為厭煩就不是享受了）。誠然，賢人理應藉適量的美味食物及飲料，又或藉芬芳香氣、綠色植物的宜人之美、裝飾、音樂、運動競技、戲劇以及其他可自行使用而不危及他人的事物，來令自己感到歡快，並且變得精神飽滿。

——斯賓諾莎《倫理學》

不嘗試就不知道什麼是「好」的

筆者為何要在此處刻意提起十七世紀哲學家的主張呢？這是因為對今日的我們而言，斯賓諾莎的理論又再次顯得重要。

我們生在一個瞬息萬變的時代，身旁的事物與我們的關係，總是接連不斷地被新事物取代。在這樣的時代裡，我們無法根據普世的判斷來認定什麼是「好」的，什麼是「壞」的。

我們若想要成為賢人，享受自己的人生，就必須嘗試各式各樣的事情，透過經驗得知對自己的欲力而言，哪些事物有益，哪些事物有害。

在斯賓諾莎的哲學中，這種「嘗試」極為重要。他指出，每個人的欲力都是獨特的，所以我們有必要多方嘗試，再省思這些事物對自己的欲力會產生何種作用，藉此建立起屬於自己的「好」、「壞」判斷標準。

與之相反的概念，則是透過一個人的容姿、立場來判定他是「好」是「壞」。「欲力」也就是「活出真我的力量」是屬於本質的，與之相對的是，一個人的容姿、立場等外在樣態，希臘文中稱之為 Eidos，中文譯為理型。

比方說，區分男女的性別，就是一種理型，但如果光看對方是男是女，就認定「因為妳是女的，妳應該喜歡這個」、「因為你是男的，你應該這樣做」的話，就會變成一種蔑視對方的欲力所進行的強迫行為。

我們並不知道這種強加的事物，是否真的是「好」的、能提高當事人欲力的事物。我們傾向於根據自己的容姿、立場等的理型，認定「我應該這麼做」、「我非那麼做不可」，但這種以理型為依據的自我認識，往往會損及欲力，成為當事人發揮力量、活出真我的重大阻礙。

這個時代瞬息萬變，「好與壞」的觀念又總是被粗暴地強加在他人身上，正音如此，我們才更要多方嘗試，以找出提升自身欲力的事物。

於「偶發的突變」。基因在複製過程中發生某種錯誤，而產生出新的性狀。此時，若這個性狀「恰巧」適合環境，擁有新性狀的個體所繁衍出的後代，就有更高的機率生存下來。

當這種狀況的反覆發生時，一個物種擁有愈多適合環境的性狀，就愈能繼續生存下去。這裡必須留意的是，新性狀的獲得基本上是來自「偶然」。若按照這個道理來推論，那麼偶然變化的發生次數愈多，進化的契機就愈多。

連3M等的傳統產業，都已證明「先試再說」的強大效益了，而且今後，企業在這種做法上，將有可能變得愈來強勁而迅速。原因很簡單，因為「嘗試的成本」變得愈來愈低廉。

傑瑞米．里夫金在其著作《物聯網革命》中提到，過去若沒有投入相當的資本，就算想「嘗試」，也往往連門票都拿不到，如今所有產品、服務的價格愈來愈低廉，而過去那些對挑戰者設下的門檻，也正在顯著地降低。

邊際成本降低，「嘗試」的成本也跟著大幅降低的話，今後「刻意的偶發事件」，最終將比「策略性的計畫」，更有可能獲得好結果。

「周延的計畫」反而降低成功率

克倫伯特茲的研究結果顯示，「訂定計畫並堅持達成計畫」的行為模式，雖然得到普遍肯定，但實際上卻是阻礙成功的重要因素。

尤其，在這個未來難以預測的時代裡，「制定周延的計畫，並堅持達成計畫」在以往是深受肯定的做法，但如今已淪為舊人類的行為模式。另一方面，新人類的行為模式則是採取「先試了，再視結果修正」的動態調整方式。

相同的道理似乎也能用來解釋專案項目的成敗。一九九〇年代初，史丹佛大學的凱瑟琳．M．艾森哈特（Kathleen M. Eisenhardt）與貝南．N．塔布里茲（Behnam N. Tabrizi），以在美國、歐洲和亞洲，年營業額超過五千萬美元的三十六間電腦製造商為對象，調查他們做過的七十二項產品開發項目，結果發現在創新上成果最好的團隊，在計畫階段花了較少的時間，在執行階段花了較多的時間。[61]

換言之，在縝密地擬定出無微不至的計畫之前，先即興地啟動專案項目的團隊，最後會展現出的成果較佳。

61 K. M. Eisenhardt and B. N. Tabrizi, "Accelerating Adaptive Processes: Product Innovation in the Global Computer Industry," Administrative Science Quarterly 40(1995): 84-110.

圖15 亞馬遜已撤出的事業項目清單

開始（年）	結束（年）	事業項目名稱
1999	2000	Amazon Auctions（拍賣網站）
1999	2007	zShops（網路商城）
2004	2008	A9.com（搜尋引擎）
2006	2013	Askville（問答網站）
2006	2015	Ambox（電視節目與電影的購買及租借）
2007	2012	Endless.com（鞋子、包包等精品的專門拍賣網站）
2007	2014	Amazon WebPay （P2P匯款服務）
2009	2012	Amazon PayPhrase（使用專屬辭彙的結帳服務）
2010	2016	Webstore（電商托管服務）
2011	2016	MyHabit（會員制的限時購物網站）
2011	2015	Amazon Local（本地商家交易網站）
2011	2015	Test Drive（App的購買前試用）
2012	2015	Music Importer（上傳音檔的程式）
2014	2015	Fire Phone（智慧型手機）
2014	2015	Amazon Elements（私有品牌的尿布）
2014	2015	Amazon Local Register（行動支付）
2014	2015	Amazon Wallet（電子錢包）
2015	2015	Amazon Destinations（訂房網站）

成毛真《Amazon稱霸全球的戰略：商業模式、金流、AI技術如何影響我們的生活》（高寶出版，二〇一九）
根據貝恩諮詢對亞馬遜所做的分析

出，而且還一而再再而三地重複此種模式。由此可見，其實「撤退判斷的好壞」，恐怕才是進軍新事業時，分出優勝劣敗的真正因素。

瀏覽貝恩諮詢（Bain & Company）所整理出的「亞馬遜已撤出的事業項目清單」，便能發現亞馬遜是一再重複「大量嘗試，一不順利就立刻撤退」的行為，才能建立起今日的強大事業組合。

為何許多企業無法「嘗試」呢？經常聽到的回答是「風險太大」，如果針對「為何風險太大」進一步抽絲剝繭的話，就會發現主要原因是「不擅於撤出市場」。

一旦開始做了，就很難收手的話，「開始做」這件事自然會伴隨著巨大的風險。換言之，讓「嘗試」的成本飆高的心理因素，其實就是來自「不能收手」的刻板印象。

同樣的道理也可以用來說明個人的職業生涯。「在變化萬千的時代裡，我們必須主動挑戰。」聽到這句話，多數人應該都會感到同意。

然而，實際上卻仍有很多人不敢主動挑戰，死抓著過去的工作不放，白白地虛擲光陰。理由很簡單，那個人並非「不懂得開始」，而是「不懂得結束」。

17 人生的豐盈與否取決於「逃跑」的巧妙與否

「堅守」、「忍耐」並不一定永遠是「美德」，
適時「逃跑」的「直覺」有時能帶來更好的人生，
這時代，「精神分裂」比「偏執狂」來得適應社會。

舊人類 留在同一處堅持到底

新人類 不行就跑，從別的角度重新嘗試

力有未逮而自知時，迅速停止，是謂智慧。
人常因不明此理而犯錯。力有未逮而不自知，逞強努力，
則錯在己身。

——吉田兼好《徒然草》

為何要有「痛覺」?

應該沒人會喜歡疼痛，即使如此，我們人類乃至靈長類動物，卻都具

備了這種感覺，這是為什麼呢？

研究證實，從演化上來看，生物在相當早期的階段，就已具備痛覺。[62]這就代表，生物演化過程中，「痛覺」的擁有對個體的生存與繁殖是有利的。反過來說，痛覺遲鈍則會對生物的生存與繁殖帶來風險。

而在日本，「忍耐」負面的情緒和感覺，包括「疼痛」，在一般大眾眼中是一種美德。疊羅漢在日本國小運動會中，向來是重頭戲，即使頻頻傳出疊羅漢在國小校園內引發嚴重的意外事故，相關單位卻沒有廢止的跡象。日前，筆者閱讀了國小疊羅漢的教學指引，誇張的是，書上竟大咧咧地寫著「會痛大家都會痛，不可以一點點痛就唉唉叫」的字句。[63]

我建議大言不慚地說出這種話的人，認真思考一下，生物為何會演化出「痛覺」。

這世上有些人是「感覺不到疼痛」的。這當然不是指他們「擅長於忍耐」，而是他們患有「缺乏痛覺神經」的疾病。令人遺憾的是，我們可以從統計上得知，這類患者的都很短命。

做一般人會感到疼痛的事，他們也能像沒事人一樣，即使燒傷了、骨折了、脫臼了，他們自己也不會察覺。不過這也難怪，畢竟他們沒有痛覺。

---

62 人類以及其他絕大部分的哺乳類動物，都具備了感知並傳達痛覺的神經系統（生物學、醫學的專業術語為「傷害受器」或「痛覺受器」），但魚類或昆蟲等動物是否擁有相同的感覺，目前似乎尚待釐清。瀏覽最近的論文，傾向是以「魚類有，昆蟲沒有」的觀點為主流。然而，「疼痛」的感覺本來就是主觀的，因此其他動物與人類之間，甚至在人類本身之間，是否有著相同的感覺，原則上我們是無法確認的。

63 日文維基百科，在「疊羅漢」（組体操）的條目中寫道，一九六九～二〇一四

唯一的亡羊補牢之道，就是教他們認識什麼是危險的，讓他們擁有這方面的「知識」，提醒他們平常要十分小心，在摸到哪些東西後，必須確認自己有無受傷。然而現實是殘酷的，即使做到如此，他們的壽命仍舊不長。

站到腳痛時，我們會移動重心；睡到背痛時，我們會無意識地翻身，這都是因為有「痛覺」，才能做出的反應。因此，缺乏痛覺神經的患者，無法避開一般人會自然避開的事，而在不知不覺中讓身體承受了過度的負擔。

反過來說，我們平日極其巧妙而又無意識地避開「疼痛」的行為，其實在身體保健上事關重大。

再怎麼透過後天知識，學習並適應「什麼是危險的」，也無法如同正常感到「痛覺」的人一樣長壽。筆者以為這項事實背後，藏著十分重大的啟示。有時我們會為了事業或人際關係，花大筆大筆的金錢，學習「什麼是危險的」、「我們該如何應對」等的抽象知識，但這種做法的重要性，遠遠不及培養敏銳的感受力，讓我們能在需要做出判斷的「此時、此地」，敏銳感受到自己的身體出現了何種反應。

年度的四十六年間，已通報的意外事故中，共有九人死亡及九十二人留下永久性後遺症，此外一九八三～二〇一三年度的三十一年間，校內疊羅漢所引發的意外傷害事故，共有八十八起。儘管不斷有人大聲呼籲其危險性，日本多數的幼稚園及中小學仍未廢除疊羅漢，筆者個人認為，最大的原因是出在教師方認為他們擁有極權主義式支配學生的權力，這樣的執念讓他們無法允許廢除。

生存上「逃跑」是最有效的策略

生物面臨危機時，會在瞬間做出「戰鬥」或「逃跑」的選擇。但在許多狀況下，人類面臨危機時，反而會拋棄這兩個選項，選擇「咬牙忍耐」、「硬撐下去」。

多數人類採用的選項，卻不在動物的選項之內，各位知道為什麼嗎？其實道理很簡單，因為做出這種選擇的生物都絕跡了。換言之，面對危險時，「堅忍不拔」或「咬牙撐過去」的做法，從個體的生存來看，是非常不利的「錯誤選項」。

日本人自幼被灌輸「不可逃避」的規範。但仔細想想，為何生物最廣泛使用的生存策略，在人類社會中卻遭到嚴格禁止，這豈不是很荒謬？為何我們會否定「逃避」的行為呢？既然此一規範長久存在社會中，沒有遭到淘汰，就表示「不逃避」的規範，在社會體制的運作上，應該發揮了正面的作用。

有兩個理由可以解釋此現象。第一、一旦出現「逃跑者」，其他人就會對自己的選擇失去信心。套用在換工作的情境中，應該就很容易理解了。

日本大學生通常都會花上大學最後整整一年，拼命四處找工作，畢業進了公司後，大家都是戰戰兢兢，但若有同期近來的同事輕易地丟下此公司，換新工作的話，其他人就有可能產生一抹不安，懷疑「自己繼續做下去是正確的嗎？」要消除這種不安的心態，就必須禁止「逃跑」。

第二個原因是，一旦有人逃跑，其他人的負擔就會增加。一個群體必須靠日常性的工作來維繫整體運作，而這些工作會由群體裡的各個成員來分擔。此時，若有人逃跑，逃跑者的工作，就必須由其他人代為承擔。

這對群體的成員會造成相當大的負擔。因此「不可逃避」就變成了一種規範。

誠然，當我們逃離某處時，我們原本擔負的職責，就會落在別人肩上，由他人承擔。許多人對此感到過意不去，而繼續堅守崗位，告訴自己「不可逃避」。但若因此而嚴重戕害了自己的身心，可就得不償失。作戰中，巧妙地「逃跑」也是一種極為重要的能力。

軍事上的「撤退」，可說是最清楚地說明了逃跑的重要性。比方說，魏晉南北朝時期編撰的著名兵法書《三十六計》中，最後一計稱為「走為上計」，即「逃跑為最高明的計策」之意。

名聞遐邇的《孫子兵法》中也有同樣的說法，換言之，「知道沒有勝算時，就要迅速撤退，將損失控制到最小」，這在戰略上是極為正確的判斷。

反觀日本軍隊的菁英將領們，就是因為做不出這種果決判斷，而被逼到距離亡國只有一步之遙。太平洋戰爭中的軍隊陣亡人數，推估高達三百萬人，其中多數都是出現在最後一年。

民間的犧牲者也是如此，東京大轟炸⑭、廣島與長崎的原子彈轟炸，都是發生在一九四五年三月以後。如果一九四二年的中途島海戰中，日本在喪失四艘主力航空母艦後立刻議和的話，最後也不至於造成如此傷亡。這皆可說是不擅於「逃跑」所引發的悲劇。

偏執與精神分裂——執著於單一自我認同的危險性

尤其在這VUCA的社會裡，未來變幻莫測，許多人都有可能在人生中，面臨非選擇「逃跑」不可的局面。

思想家暨評論家的淺田彰，在其著作《逃跑理論》（逃走論）中，援引法國哲學家吉爾·德勒茲（Gilles Deleuz）與菲利克斯·伽塔利（Félix

⑭ 第二次世界大戰期間，美國陸軍航空軍對日本東京的一系列大規模戰略轟炸。

就可以得到一項結論——「對自我認同堅持不變是危險的」。

堀江貴文在其近作《多動力就是你的富能力》（方智出版，二〇一八）中呼籲「專心一項工作的時代結束了」、「膩了就應該馬上放棄」，用淺田彰的語言來解讀，這就是在說「精神分裂」比「偏執」更重要。

我們對「貫徹始終」、「不改其志」、「十年如一日」熱烈讚賞的態度，的確能帶來某些好處，但若受此價值觀綑綁，偏執地堅持著唯一不變的自我認同，就有可能變成一種自殺行為了。

漫無目標也要「逃跑」的重要性

淺田彰論述中的第二個重點，就是「逃跑」二字。淺田彰先將「偏執型」定義成「定居之人」，接著又將「精神分裂型」定義為「逃跑之人」。

若是要與「定居之人」相呼應，其實也可以將「精神分裂型」定義為「移居之人」或「遷徙之人」，但他偏偏選了「逃跑之人」的說法。筆者認為這是來自於其敏銳的洞察力。

所謂「逃跑」，是指不論有沒有明確的方向，都要「逃離此處」。按照這種語感看來，淺田彰所說的「精神分裂型」，就是在指一種「不見得有明確的方向，只是因為這裡很不妙，所以先走再說」的心態。

與職涯有關的理論中，經常有人主張「要思考自己想做什麼、自己擅長什麼」。關於此點，在拙著《選工作的藝術與科學》（仕事選びのアートとサイエンス）中也曾探討過，我認為思考這些幾乎是毫無意義的，到頭來任何工作都是不實際嘗試，就不會知道「是否有趣、是否擅長」。一直糾結於思考「我到底想做什麼」的話，只會讓你與偶然降臨的機緣失之交臂。

即使尚未決定方向也無妨，只要感到「好像不妙」，就拔腿逃跑——這將成為最符合潮流的新人類行為模式。我們得要比以往更凝神細看，更側耳傾聽，好弄清楚周圍正在發生什麼事。

前面淺田彰的節錄文章中，有一句話是「他們所能仰賴的，就只有自身解讀事態變化的感受力，以及對偶發事件的第六感而已」。筆者在《美意識：為什麼商界菁英都在培養美感？》中，也曾提出過同樣的論述——「大膽的直覺，比按部就班式的邏輯思考，更為重要」。就算周圍的人都在說「還不用擔心」，只要自己直覺感到「有危險」，那就立刻逃跑。

此時的關鍵在於「感知危險的天線靈敏度」以及「做出逃跑判斷所需

新人類重點整理

疼痛雖是負面感覺，但生物在演化過程中，獲得了這項負面感覺後，卻在一代又一代的遺傳中，將這種性狀保留了下來。這是因為「感到疼痛」是極其重要的生存機制。

動物在面臨危機時，都會做出「戰鬥」或「逃跑」的選擇。我們往往將「逃跑」視為負面行為，但當社會如此不穩定，各種事業項目又明顯愈來愈短命時，「逃跑」的高明與否，便逐漸成了左右人生富足度的重大因素。

當狀況演變至此，若還堅持著「在同一個地方堅持到底」的舊人類行為模式，就有可能為自己帶來巨大風險，使人生陷入困境。

反之，新人類的行為模式，具有高度的流動性，不會固守「必須在同一個地方堅持到底」的破舊道德觀，而是根據直覺與美感，自由自在地發揮。

當個人的流動性提高，愈來愈多人「逃跑」時，勞動市場的流動性就會提高，無意義的狗屁工作也將失去容身之處。如此一來，目中無人的舊人類，便無法繼續把持權力。

18 懂得分享、給予的人，最後得到最多

「佔領為王」的時代已經過去，
以「分享」為基礎重建各種社會關係與商業機制的模式逐漸成為主流。

舊人類　掠奪、獨佔

新人類　給予、共享

你殺我、我殺你這種事，一點都不像新人類，不是嗎？
——拉拉．遜[64]

「分享」曾是罪惡的

曾在英語環境中有幼童的家庭裡住過一段時間的人，應該都見過凱倫．卡茨（Karen Katz）的繪本《分享的重要》（*I Can Share!*）。這是一本

64　拉拉．遜（Lalah Sune，宇宙世紀〇〇六二年？～

用來教導幼兒「分享」的樂趣與重要性的經典之作。該書的介紹如下：

For toddlers, sharing can be hard concept to grasp, but with the help of this book, they'll learn that sharing can also be fun!

（對幼兒而言，「分享」是一種難以理解的概念。但有了這本書的帶領，就能幫助他們理解「分享」的樂趣）。[65]

不知是不是讀了這本書，結果還是沒能理解「分享」的概念，或者幼兒時期接受的教育，其實並不像父母想像的那麼有效，長期以來，英語圈國家，尤其是在美國，「分享」一直被視為共產主義的教條、資本主義的仇敵。

比方說，比爾．蓋茲曾毫不留情地痛罵擁護 Linux 等自由軟體（Free Software）的人。據蓋茲所言，自由軟體的信奉者是「現代的新共產主義者」，美國夢是由「追求稱霸市場」的熱情所支撐，而那群人無疑是澆熄這股熱情的邪惡魔頭。[66] 從蓋茲的說法來看，美國夢的實現者都是貪婪、不寬容、不允許他人與自己共存的人，如果成為這種人真的是「國家象徵

○○七九年十二月二十八日）。日本動畫《機動戰士鋼彈》中的虛構人物。在宇宙世紀○○七九年的一年戰爭中，被夏亞．阿茲納布爾發現，並在弗拉納岡機構中撫養長大的新人類少女。吉翁軍少尉。具有極高度的新人類能力，以搭載精神感應系統的機動裝甲「愛美號」，進行全領域攻擊（All Range Attack），並將宇宙要塞所羅門攻防戰後所集結的地球聯邦軍的船艦及機動戰士，一一擊破。

65　轉載自亞馬遜上的書籍簡介。由筆者翻譯成日文。

66　Michael Kanellos, "Gates Taking a Seat in Your Den." CNET. January 5,2005

性的夢想」，那就不得不讓人覺得，這個國家所宣傳的夢想還真不入流。

所幸，到了二〇一九年，提供 Airbub 等的「分享平台」的事業，創造出了傲人的總市值，這些創業者想必也是美國夢的實現者。從這角度來看，比爾．蓋茲所認定的「夢想」恐怕已成了舊人類追逐的泡影。

直至如今，仍有不少人存有這種舊人類思維，也就是信奉「獨占比共享有著更大的經濟價值」之教條。但這也無可厚非。畢竟長期以來，大家都一直認為，以獨占為目標是「商業行為」不得不從的宿命。

就拿麥可．波特的《競爭論》為例，企業管理學中，這是一本策略理論的經典教科書。仔細理解讀書中所言就會發現，波特是以經濟學中產業組織理論的框架，來描寫策略理論，他所有的論述都是針對「如何才能獨占市場」這個「最大的提問」來進行回答，藉此建立起理論的主幹與枝葉。

這與波特原本是「經濟學」博士，而非「企業管理學」博士，關係密切。一言以蔽之，波特假借「企業管理學」之名，將「經濟學」所避諱的「獨占」，轉換成一種「理想的狀態」。

經濟學的目標是「追求社會福祉的最佳化」。簡單來說，經濟學認為，讓市場健全地競爭，使每個人都能買到經濟實惠的商品、每個企業都不會想透過獨占得到龐大的[illegible]才是一個「好的社會」。而只要是妨礙上述目標的因子，都要加以排除。

換言之，[illegible]是在思考，如何才能避免單一公司透過壟斷控制市場，使市場無法進行新陳代謝。

然而，若從參與市場的企業角度來看，單一公司壟斷控制市場，持續賺取高額利益，又完全不發生新陳代謝，才是他們的理想狀態。

一本競爭策略理論的經典必讀教科書，竟可以明目張膽地將原本為了避免「獨占」而存在的產業組織理論，翻轉成一套徹底相反的理論體系，由此可見，長期以來「獨占」對企業而言，是多麼令人垂涎。

不過，正如前述，如今社會正在加速擺脫「獨占」與「財富」的連結。維基百科是透過個人的無償撰寫才能成立，但如今它已讓幾乎所有的營利性百科全書都無以為繼；創用CC（Creative Commons）是一個不需經版權所有人允許便能合法使用的影音創作平台，如今它已擁有超過十四億件作品[67]。從這些現狀來看，社會翻轉的時刻已經來臨，我們應當推翻「追求獨占才能讓財富最大化」的舊人類教條，並採取新人類的行為模式——不一味以獨占為目標，積極與他人共享成果，以追求整體財富的提升。

67 https://stateof.creativecommons.org/

...cience 162(3859)(Decem ber 13, 1968):1244.

這個結論非常直白，那麼我們又該如何是好呢？對此，哈丁做出了明確的結論，那就是「只能透過中央集權政府的嚴格督導，來管制公有用地」。很明顯地，這種想法與極權主義不謀而合，所以哈丁也在論文的結尾，不安地寫下：「仔細想想，改為公地制度似乎也是一種令人恐懼的選擇。」

讀到這裡是否也有讀者對哈丁的主張，感到哪裡不太對勁？比方說，以牧草地的例子來看，如果你是牧牛人，你會為了自己一個人，而設法放牧愈多牛隻愈好嗎？

我相信多數的人都會認為「自己放牧的牛隻數量，應該跟周圍的牧牛人一樣」。因為大家都知道，若做出如此自私自利的行為，最後只會在社群中遭到排擠。

經濟學家伊莉諾·歐斯壯（Elinor Ostrom）[69]就針對了這一點做出深入研究，並對哈丁的主張提出了決定性的反駁。歐斯壯蒐集公地長達千年的歷史，對過去公地的成功與失敗的原因進行分析，並提出了能讓公地在未來成功實施的關鍵，這項豐功偉業讓她在二〇〇九年，成為第一位獲頒諾貝爾經濟學獎的女性。

關於歐斯壯的主張，這裡礙於篇幅，無法詳細敘述，在此簡單整理如

69 伊莉諾·歐斯壯（Elinor Ostrom，一九三三年八月七日～二〇一二年六月十二日）。美利堅合眾國的政治學家、經濟學家。印第安納大學教授。二〇〇九年十月十二日，與奧立佛·威廉遜（Oliver Williamson）共同獲頒諾貝爾經濟學獎。首位女性諾貝爾經濟學獎得主。

下：「在管理放牧動物的牧草地、捕漁場、灌溉設備、森林等公共資源上，多數情況是，即使個人的經濟吃緊，大家也都會將社群的利益，放在個人的利益之前，同時也會將保全長期性的公共資源，放在改善短期性的狀況之前。」套用本書的說法就是「公地的存在，原本就是奠定於新人類的思考模式，而非舊人類的思考模式上」。

哈丁是根據自己的「人性觀」，進行紙上談兵的思想實驗，最後得到「公地悲劇」的結論；相反地，歐斯壯則是以人類學家的精神進行實地調查，基於觀察結果與事實提出反駁。這是這兩種論述的決定性差異。

在本書一開始所描述的主要趨勢下，這個世界正在加速改變，人類在環境、經濟、社會等面向上，都正面臨著諸多問題。而歐斯壯根據其調查，已清楚地告訴我們，公地是一種非常優秀的統治組織，而且無庸置疑地可以成為上述問題的解決對策。

歐斯壯的主張不僅否定了哈丁的「所有公地的命運，都會因舊人類試圖謀得最大利益的行為而走向毀滅」，也對個體經濟學視為大前提的「人性觀」——個人會在市場中追求自身的最大利益——打上了一個大大的問號。

然而仔細想想，資本主義的制度成立於十八世紀，至今只持續了兩百

索取者像黑洞，從周圍的人身上吸取能量。反之，給予者如同太陽，為周圍的人灌注能量。給予者不會獨占工作的成果，且會積極地幫助他人，為夥伴製造表現機會。

當世界演變至此，追求短期性獨占，試圖掠奪他人的索取者，只稱得上是舊人類。反之，新人類則是先從付出做起，並試著將自己擁有的與他人共享。

新人類重點整理

過去的商業世界，將「獨占」視為「良善之舉」，「共享」視為受共產主義汙染的「邪惡之舉」。然而，今日在各領域中，都出現了以「共享」為前提的事業，像是 Airbnb 等，而且這些事業正在創造巨大的財富。

亞當・格蘭特等人的研究指出，在「給予與索取」之間，一般認為索取者才是得利的一方，但實際上索取者的利益是短期性的；反之，從中長期來看，給予者獲得的利益超越了索取者。

從格蘭特的主張來看，如今個人的職業生涯延長，且需要在各種組織間活動，因此個人評價必須化作社會資本一一儲存下來，在這樣的社會裡，最終給予者將獲得比索取者更大的利益。

回顧過去歷史，為了短期性的利益而追求獨占的拿破崙和希特勒，最後都只建立起了曇花一現的盛世，相對地，以平衡勢力的共存共榮為目標的英國，則締造出了淵遠流長的榮景。

第七章

新人類的學習力

從儲存型學習
▶
到流動型學習

19 相對性地看待常識，從中發現好「提問」

好一段時間，美學與人文被理工科狠狠地踩到腳下，
現在是把這些博雅之學召喚回來好好利用的時代。

舊人類　依賴科學進行管理

新人類　活用人文素養進行構思

啊，笨蛋嗎？笨蛋也有分很多種，聰明也是一種，而且是笨蛋之中不太討喜的那一種。[72]

——湯瑪斯・曼[73]

人文素養能提高構思力

筆者曾在第二章提到「問題愈來愈稀少」和「創新停滯」的問題，並指出此二者皆來自於「構思力的低落」。

72　摘自湯瑪斯・曼《魔山》（桂冠出版，二〇一七）。

那我們必須靠什麼來提高「構思力」呢？答案就是「人文素養」（Liberal Arts，又譯為「博雅教育」、「人文教育」、「素質教育」等）。

科學用來解決「別人給出的問題」時，是極為快狠準的工具，但它並不擅長自行生成「問題」。因為如前所述，「問題」生成的前提，是得先構想出「應有的樣貌」，而這個「應有的樣貌」則是由一個人的全人式世界觀及美感所想定出來的。

人該如何生活？社會該如何運作？回答這些問題並非科學的工作。這些問題最後仍必須靠人文素養為根基的人文科學性的思維來回答。

我曾在《美意識：為什麼商界菁英都在培養美感？》中指出，舊人類所仰賴的偏重科學式的企業管理，是造成各種問題的罪魁禍首，這些問題包括道德的敗壞和差異性的喪失等等；至於未來將要崛起的新人類，則是重視美感和直覺等藝術性的一面。

很幸運地，在這個項論點上，我得到了來自各方的熱烈反響，其中最多是來自經營者，關於「重新找到企業管理中科學與藝術的平衡」之議題，也已在各式各樣的場合中，成為大家探討的話題。

如今的社會過分偏重科學，而引發此現象的最早的契機，是二〇〇八

73 保羅．湯瑪斯．曼（Paul Thomas Mann，一八七五年六月六日～一九五五年八月十二日）是德國小說家。代表作為《布登勃魯克家族》（遠景出版）。

營當兒戲。

說穿了，之所以造成這種趨勢，就是因為缺乏人文科學素養的高階管理的大老粗，聘雇了ＭＢＡ畢業生或學過統計的數理科系出身者，擔任左右手，後者每天像跑滾輪的黃金鼠般做著數值分析，而這兩方可卻是一拍即合。

一直以來，那些靠著升學考試最需要的「正確答案的求解能力」，一路扶搖直上的高階管理者，傾向於害怕充分運用自己的五感，來全盤掌握社會和未來，因為這種智力活動太燒腦。他們將眼前的現象，視作電玩遊戲般的簡化模型，透過失去真實含意的片面性數據做出決策，還自以為「這樣做就能叫做企業管理」。

一旦陷入這種狀態，當事人對世界認知就會變得孤立，而與社會、顧客和員工脫節，因此他們就會迫切需要依靠他人提供的簡化分析數據，來解讀問題和現象。

此時，策略管理顧問公司等以科學為導向的人，便即時出現在他們眼前。科學導向者遊說那些孤立無援的高階管理者說，只要透過數值和分析就可以充分理解世界，然後在提出了數據分析報告的同時，也向他們開出了高額的帳單。

就這樣，高階管理的大老粗和科學導向的參謀員工，要求組織無止盡地朝著「缺乏藍圖的生產力提升」邁進，員工的道德感和工作動力被消磨殆盡，而造成現在日本大企業頻頻傳出違背倫理的醜聞。

但如前所述，如今「正確答案的量產化」益發嚴重，「有用處」市場上的最後之戰逐漸逼近，此時僅僅仰賴科學來領導企業的舊人類作風，已逐漸化為明日黃花。

筆者曾在前面的篇幅說明過「新人類擅於設定問題」和「舊人類擅於解決問題」，其實透過這個對比，就能直接推導出這裡所說的「新人類擅於發揮人文素養」以及「舊人類傾向仰賴科學」的對比。

以人文素養為武器——對眼前框架提出質疑的技術

目前為止所談論到的是，舊人類以科學為依據，只打算「解決看得見的問題」；相對地，新人類則是以人文素養為重心以構思出未來的藍圖。或許有些讀者會不能理解：「為什麼說人文素養有助於描繪未來藍圖？」

先說結論，人文素養有助於我們用相對性的角度，省思我們感到「理所當然」的事物，藉此讓其中的問題浮上水面。

在思考這個問題前，先問問讀者一個問題：「為何利率是正數，而非負數？換句話說，為何是借款人要付給貸款人額外費用，而非相反？」多數人可能會回答：「借款人必須補償貸款人所失去的機會成本。」誠然，對生活在現代的我們而言，「利率為正數」是不言自明的常識。

然而，這個常識僅適用於現代。比方說，古埃及和中世紀歐洲有很長一段時期，是採用負利率的經濟體制。在一個負利率的社會裡，擁有現金是一種損失，因此愈早將現金換成愈能長期創造價值的東西愈好。

那麼大家就要問，什麼東西最能長時間不斷創造出價值？沒錯，就是宗教相關建設和公共民生設施。基於這樣的思維，古埃及推動了尼羅河灌溉工程的建設，中世紀歐洲則推動了大教堂的興建。

埃及的投資讓尼羅河流域的沃土得以耕作，促成了古埃及文明的發展；歐洲中世紀的投資則引來世界各地信徒的朝聖，促成了歐洲整體的經濟振興以及道路基礎建設的改善。

我們必須記住的是，許多被我們視為理所當然的常識，其實並非常識，而不過是僅適用於「此時此地」的一種局部性的、暫時性的習慣而已。

有些人對人文素養的認識只停留在表面，認為它就只是身為社會一員應該具備的學養而已。若只是這麼想的話，就太可惜了。「人文素養」（Liberal Arts）一詞來自拉丁文的「Artes Liberales」，Artes 是指技術，Liberales 是指自由。因此，人文素養就是一種「讓人得到自由的技術」。

那麼，此處所說的「自由」是指什麼呢？其實，最早的詞源是來自於耶穌在新約聖經約翰福音的第八章三十二節所說的「真理必使你們得自由」。「真理」就是「真正的道理」，普遍而永恆的道裡才是「真理」，它不會隨著時間或場所而改變，人們只要知道了「真理」，就能從僅限於該時、該地的主流價值觀框架中，超脫出來、得到自由。舉例來說，「利率是正數」的刻板印象，就是一種僅限於該時、該地的主流價值觀框架。

換句話說，人文素養的真諦，就是讓我們能往後退一步，站在抽離的立場，用相對性的角度，去反思那些眼前世界中，被大家看作常識而深信不疑的假設前提、結構框架，換言之，人文素養就是「發問與懷疑」的技術。

但反過來說，如果要對所有「理所當然」的事都抱持懷疑的話，恐怕會讓我們連正常的日子都過不下去。看到紅綠燈就懷疑，為何綠燈是行

各位是否注意到了？加藤周一指出「我們需要人文素養，才能自由跨越專業領域的疆界」，他所說的正是新人類的條件。

舊人類試圖躲在舒適的象牙塔裡，以專家的權威作為保護傘，好整以暇地守住其自尊，反之，新人類則往來於不同的專業領域間，推動龜縮在專業甲殼中的各領域專家，讓這些舊人類一起為共同目標而努力。

在工作的場合中，任何人都有可能因為「自己不是那方面的專家」，而自覺不如人，於是在感到不對勁時，也不敢向該領域的專家發表意見。但我們不該忘記的是，這種對別人的專業領域不敢過問的做法，雖說是一種理所當然的禮貌，卻也大肆阻礙了整個世界的進步。

如前所述，在東海道新幹線的開發上，鐵路工程師長期無法解決的底盤振動問題，就是由非鐵路專業的飛航工程師所解決的。如果他當時因為「自己不是專家」，就閉口不提解決方案的話，今日世界又將會是如何？⑮

世界上的許多進步，都是來自於門外漢的想法。創造了「典範轉移」（Paradigm Shift）一詞的美國科學史家托馬斯．庫恩（Thomas Kuhn）在其著作《科學革命的結構》（遠流出版，二〇一七）中指出，典範轉移往往是由「才入行不久或很年輕」的人發起的。

⑮ 東海道新幹線不僅是日本第一條高速鐵路路線，也是全球第一個投入商業營運的高速鐵路路線。

也就是說，人文素養是一種基本武器，讓我們在各個專業領域間來去自如，同時能夠從整體性的角度，針對不一定需具備淵博知識的問題，思考該思考的內容，提出該提出的建言。

新人類重點整理

我們需要人文素養來提高構思力。科學用來解決被賦予的問題，是非常快狠準的工具，但在更基本的「設定提問」上，卻顯得英雄無用武之地。

既然組織高層的職責是「設定問題」，而組織基層的職責是「解決問題」，那麼 PayScale 公司的調查結果，就可說是十分合理。然而近十年來，這種關係逐漸崩壞，組織高層都為了「解決問題」卯足全力的現象，在企業中十分常見。

當組織陷入此種情況後，就會失去願景和意義，在企業管理上，變成一味追求如何將縮水的ＫＰＩ和生產力拉高，於是員工被過度壓榨，變得道德淪喪，違背倫理的醜聞頻傳。

學習人文素養，讓我們擁有足夠的素養，而能在自己內在的時間與空間中，以相對性的角度，比較眼前的常識。像這樣「對常識產生不對勁之感」，能讓我們提出過去從未有人發現的問題。

20 讓「他人」成為改變自己的契機

快速地將別人說的話套入既有架構只是最粗淺的小聰明了，
要能真正地從他人身上獲得改變自己的動因，
必須深入理解對方說的話。

舊人類 摘要並理解

新人類 傾聽並同理

所謂頭腦好的人，就像是腳程快的旅人。雖然能搶先抵達別人尚未抵達的場所，卻有可能錯過了那些在途中或小岔路上的重要事物。[75]

——寺田寅彥[76]

「輕易說懂」會錯過新發現

隨著世界越來越曖昧、複雜和不可預測，我們對「懂了」的感覺也將受到影響。

75　摘自寺田寅彥《科學家的頭腦》（科学者のあたま）。

我們會依據過往經驗，形成一套模式識別（Pattern Recognition）的能力，再以此能力分析歸類、進而理解眼前的現實。然而，在一個「愈來愈VUCA的社會」裡，如果我們匆促地用簡化的方式理解事物的話，就可能發生一個現象——我們若套用過去的模式，來理解已經改變的現實，就會以為自己已經「懂了」這個其實「不懂」的問題，而對現實採取不恰當的因應方式。

特別是在二十世紀下半葉，舊人類擅於化約事物，並事半功倍地加以因應處理，這種行為模式一直被認為是一個人的「才華證明」，因此愈是受到公認的「優秀之人」，愈容易犯下此種錯誤。但VUCA的世界，分分秒秒不停變化，此時仍因循過去習性，快速套用過往學習到的模式，匆促認定：「啊，不就那個嗎？這我很懂。」這樣恐怕將導致重大的失誤發生。

舊人類之所以愛說自己「懂」，是因為他們透過經驗得知，只要這麼做就能獲得肯定。現今社會對於「吸收得快」和「理解力好」，幾乎是一面倒的讚揚，而舊人類就是將這種社會傾向，當成一種對自己有利的偏見善加利用。

76 寺田寅彥（一八七八年十一月三十一日～一九三五年十二月三十一日）。日本物理學家、隨筆作家、俳句詩人。

這種人尤其大量棲息在筆者長期接觸的管理顧問行業中。這一行的人有一些獨特的口頭禪，其中「簡單來說，就是○○嘛」可說是最常見的。

擔任管理顧問的人，喜歡被人家稱讚「腦筋好」，而只要將事物概括性地歸類，以做出模式識別，就能得到「腦筋好」的讚賞，所以當別人一結束發言，他們就很難壓抑這種「歸納重點的慾望」。

然而，在當前瞬息萬變的環境中，舊人類這種挑出對方說話要點，概括性地整理歸納的行為模式，從兩個不同角度來看，都會發生問題。

首先，對話的場合中，說話者努力透過各種解釋做完說明後，如果被對方簡化成一句「簡單來說，就是○○嘛」，就算是切中要害，也令說話者感到消化不良，或者有某些重要的東西被遺落了。

我們每天使用的語言，是一種篩孔非常粗大的溝通工具。因此，理論上來說，我們不可能將自己所知的事物，百分之百轉化成語言，傳達給他人。換言之，「語言」溝通很可能無時不刻，都在稀哩嘩啦地遺落著「某些重要的什麼」。

匈牙利出生、活躍於二十世紀的物理學家暨社會學家邁可・博藍尼（Michael Polanyi）[77]曾說：「我們所知的遠遠超過我們所能說的。」他將

77 匈牙利出身的猶太裔物理化學家、社會科學家、科學哲學家。提出「內隱知識」的概念，用以指稱那些無法言述的知識。

這種「知道但難以言述的知識」命名為「內隱知識」（Tacit Knowledge），類似於我們平常常說的「默契」。我們應當記得的是，即使「內隱知識」可以透過某些形式共享於人與人之間，但在語言溝通中，這種「遺落現象」仍無時不刻都在發生。

「簡單來說」只是模式的套用，是最淺層的理解

言歸正傳，這種「簡單來說，就是○○嘛」的聆聽方式，從聆聽者的角度來說，也會產生問題。因為我們若將他人的論述，代入過去所建立的模式，匆促地以為自己已經理解了的話，就會限縮了我們獲取新觀點或擴大世界觀的機會。

在這變幻莫測的時代裡，這種行為模式已成為學習上的阻礙，只能說是舊人類才有的行為典範。

我們的大腦會在無意識裡建立起「心智模型」。所謂心智模型，是指我們每個人心中「看世界的框架」。我們透過視聽嗅味觸所感知到的來自外在現實世界的資訊，會先被過濾、扭曲成一種心智模型所能理解的形式

後，才能加以吸收。

「簡單來說，就是○○嘛」的歸納方式，只不過是將對方所說的話，套入自己的心智模型來理解。如果老是用這種方式傾聽，就不可能得到「改變自己」的契機。

麻省理工的奧圖．夏默（C. Otto Scharmer）提出了一項「U型理論」。該理論將與人溝通時的聆聽方式，依深度不同區分成四個層級：

層級一　用自己框架內的觀點進行思考

將新的資訊倒入舊的刻板印象中。若未來的演變是按照過去模式發展，就能有效應對；若非如此，則情況將惡化到無法挽回的地步。

層級二　視角位在自己與周圍環境的邊界上

對事實能有客觀的認知。若未來的演變是按照過去模式發展，就能有效應對；若非如此，則無法找出問題的本質，而只能採取治標不治本的方式，到處忙著補破網。

大家常說，網際網路出現後，「世界變得沒有距離」。誠然，過去與國外通信時，信件的往返甚至可能花上個把月的時間，如今以電子郵件取代後，只要點擊傳送鍵就能一瞬千里，從這一點來看，或許物理世界確實可說是沒有距離。

但投射在我們內心的精神世界，真的變得沒有距離了嗎？

交友對象只限於與自己受過相近教育、擁有類似政治態度、處於差不多的經濟水準的同溫層，彼此為對方的意見與行為瘋狂按讚，這種舊人類的行為模式，使我們的精神世界關上大門，只將「能相互理解的人」放在門內，而將「無法相互理解的人」阻絕在門外，甚至把他們當成根本「不存在」。換言之，網路時代的我們恐怕會愈來愈「孤立與分散」。

我們必須認知到並接受某些人與自己立場不同，某些人與自己政治態度不同，才能使民主得以成立。如果網路的出現，讓我們的社會變成一群一群相同的人所形成的孤立小團體，那麼這必定會為民主帶來危機。

似乎有許多人天真地以為，網際網路會讓民主變得更加穩固。事實上，網際網路這項新技術，若與舊人類的行為模式結合，結果反而會危及民主的根基。

遺憾的是，這種情況已顯著地在美國、歐洲和日本發生，如果這種趨勢繼續發展下去，我們將活在一個遠比網際網路出現前更加「隔絕的世界」。

然而，現今的世界不僅價值觀日趨多樣，而且許多人終其一生都必須遊走、生活在各式各樣的組織、群體之間。

當時代演變至此，我們還在以價值觀區分人種，只與那些「能相互理解的人」，反覆上演著相同的對話，除此之外的人都因「不懂」而加以摒棄的話，我們將因此喪失人生中豐富的「學習契機」。

未來需要的新人類行為模式，不是囫圇吞棗地匆促自認「我懂了」，也不是排他式地摒棄自己「不懂」的人事物，而是能夠對他者的聲音側耳傾聽、用心同理。

新人類重點整理

VUCA的世界瞬息萬變，若延續舊人類的思考模式，套用過去習得的模式識別，倉促地「自以為懂了」的話，即使出現了時代巨變的預兆，我們也有可能視而不見。

當世界演變至此，我們就必須從舊人類的「淺層聆聽」，轉換成新人類的「深層聆聽」，也就是不透過自己的框架來理解接收到的資訊，而是跳脫自我框架，一邊聆聽，一邊去感受完整的自己與完整的對方。

當今世界不僅價值觀愈來愈多樣，而且我們不得不遊走、生活在各式各樣的組織、群體之間，因此若排除「無法理解的人」，只與「能相互理解的人」來往的話，就會失去珍貴的「學習機會」。

一味排除「不懂」的事物，而不求理解，也可說是一種舊人類的行為模式。

大家都以這種方式排除「不懂」的事物，世界就會被分割成一個又一個如孤島般的宇宙，裡面只住著「能相互理解的人」。

新人類既不會匆促地自以為「懂了」，也不會排除「不懂」的事物，他們能側耳傾聽、用心同理他人的聲音，從中獲得新的覺察契機，並透過這些契機，發揮所學，持續成長。

企業管理學就是一個典型的例子。說得極端一點，企業管理學這一門學問，目的在於大量模擬經營上的各種狀況與應對的模式。這就是為什麼MBA學位是一個人擁有「因應經營上各種狀況與問題的模式識別能力」的保證，而在勞動市場中備受肯定。

但隨著環境變化加速，這種模式識別的能力，反而會降低一個人的價值。不，豈止降低價值，甚至有可能如套上腳鐐般，毀壞一個人的情境適應能力。

比方說，抵押土地資產，藉此融資舉債，進行大膽的資金調度，以積極擴大事業，這在過去日本曾被視為一種「成功模式」。

第二次世界大戰後，土地從來不曾貶值，因此被認為是最穩定且高利率的投資。正因如此，許多公司為了平衡資產負債表，會投資土地作為其固定資產，再加以抵押，以便投資風險相對較大的事業。

然而，一九九〇年代上半，泡沫經濟的榮景宣告終結後，這種「成功模式」對於採取此一策略之組織，反而成了惡夢般的枷鎖，讓他們在經營事業上動彈不得。

換言之，當「土地價格持續上漲」的前提不再成立時，過往經驗所背書的成功模式，反而成了讓他們做出徹底錯誤決策的主要因素。

流體智力與晶體智力——顯示出智力與年齡的驚人關係之研究

如果在愈來愈VUCA的世界裡，「經驗的無價值化」日益嚴重，則「經驗老到者」在組織中的聲量和影響力，都將被削弱。此時，組織中的決策方式也必將跟著改變。

當我們面臨問題時，可以採取的解決之道有以下三種：

隨機 憑直覺找到靈光乍現的解決方案並做出決定。

捷思法 根據經驗法則找到還不錯的解決方案並做出決定。

最佳化 根據事實與邏輯找出最佳解決方案並做出決定。

這三種解決之道，若對應到管理學家亨利．明茨伯格（Henry Mintzberg）所提出的管理三要素——「藝術」、「工藝」與「科學」——的話，那麼運用直覺、第六感的「隨機」就是對應「藝術」；只尋求「還算可以」的答案，而不必做出太多努力的「捷思法」則是對應「工藝」；最後，透過分析與邏輯尋求最佳解決方案的「最佳化」對應的是「科學」。

其中，根據經驗法則的捷思法，在過去發生過類似案例的情況下，也許能成為一種有效的解決之道；但在面臨前所未有的問題時，便無法有效地發揮功能，解決問題。

這時就輪到「藝術」或「科學」出場了。可想而知，無論是「藝術」或「科學」，運用的程度好壞與年齡無關。甚至應該說，我們所謂的「大膽的直覺」、「小心的分析與推理」，總體來說，反倒都是年輕人比較擅長。

關於智力與年齡的關係，專家學者做過各種各樣的研究，此處就引用心理學家卡泰爾（Raymond Cattell）的「流體智力」（Fluid Intelligence）與「晶體智力」（Crystallized Intelligence）的框架來進行分析。

所謂流體智力，是指推理、思考、記憶和算數等等，也就是學科考試會使用到的智力。利用先前描述的框架來說明的話，流體智力就是一種根據分析與邏輯來解決問題時會使用到的智力。

另一方面，所謂晶體智力，是指知識、智慧、經驗法則和判斷力等等，會隨著經驗而不斷累積的智力。利用先前敘述的架構來說明的話，它

圖16 智力和年齡的相關

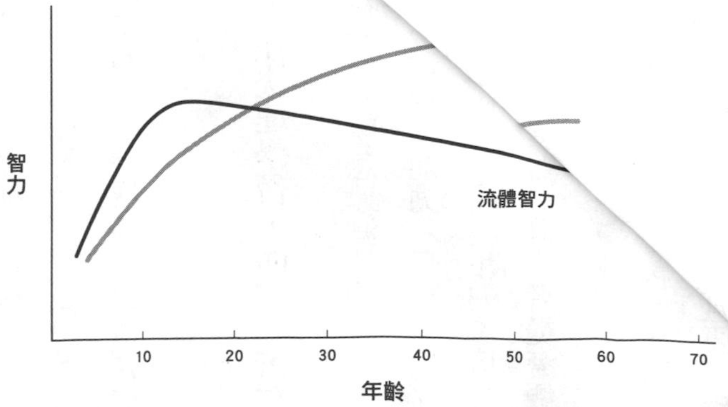

Horn JL, et al. Acta Psychol(Amst). 1967; 26(2):107-29
Baltes PB, et al. American Psychologist, 2000 Jan; 55(1):122-36.)

就是一種根據經驗法則和累積的知識來解決問題時，會使用到的智力。

重點來了，這兩種智力在年齡上的高峰，是迥然不同的。如圖16所示，流體智力的高峰落在二十歲前後，而且會隨著年齡增長而顯著下降。另一方面，晶體智力在成年後仍會繼續增長，直到六十歲前後迎來高峰。

這就是為什麼在過去的「穩態社會」中，年約六十的長者不但擁有強大的發言權，而且備受眾人尊敬。在那樣的社會裡，他們可能是用下述的分工合作方式，來維持組織或社群：遇到前所未有的新問題時，就交由流體智力優越的年輕人來解決；遇到無法以分析、邏輯等方式處理的複雜問題，就交由經驗老到的長者來解決。

然而，如今的社會瞬息萬變，只要十年就能讓環境大大改觀。當時代演變至此，像過去一樣繼續仰賴過往經驗，只能說是舊人類才有的行為模式。

關鍵不在快速學習，而在「舊有學習的歸零」

在一個經驗急速減值的時代，經驗沒落，取而代之成為人才重要條件的是，敏捷學習能力（Learning Agility）。

最近，在組織開發和人才培育上，敏捷學習能力似乎已成為愈來愈多[illegible]的熱門焦點。但筆者從旁觀察，卻發現許多論述都出現了概念混淆[illegible]習速度[illegible]的概念，當然關乎「學習」，但它的條件不僅僅是「學[illegible]讓當事人的表現得[illegible]更重要的概念是「可以歸零」。如前所述，經驗能[illegible]捷學習能力，不單指「快[illegible]因為學習可以增強模式識別能力。而所謂的敏[illegible]的能力」，還包括將過去習得的模式歸零的能力。

容易產生誤導的是，當我們聽到「學習」二字，就容易聯想到「記住某些資訊」，但是敏捷學習能力中還包含另一個重大條件，那就是「忘記某些資訊」。

想要學習新事物，就必須揚棄與學習對象不一致或衝突的舊事物。但這對人類來說可不是件容易的事，因為學習上有一項無法避免的投資，那就是心理壓力。

學習的過程是從「具體性的經驗」開始。無論結局是失敗或是成功，我們只有在某個具體性情節的觸發下，才能展開學習過程。沒有人不摔跤就能學會如何騎單車，也沒有人不跌倒就能精通滑雪之道。

這意味著很多學習，都是奠基於「失敗」的經驗，而許多人是在付出了失敗（＝心理壓力）的代價後，才得到了模式識別的能力。

「歸零」的困難點就藏在此處。

第一項困難點是，當初為了獲得這套模式識別，付出了不小的代價，如今無法說放手就放手，也就是所謂的「沉沒成本的認知偏誤」。沉沒成本是指，無論之後做出什麼決策，都無法回收的已支付成本。既然無論如何都無法回收，就只需要根據後續的最大利益進行判斷即可，但許多人無法按照這種方式判斷，而想要繼續維繫住那個曾讓自己付出代價的對象物。

第三項困難點是一種因不想再次承受相同壓力，而產生的迴避衝動。對經歷了一而再再而三的失敗，才獲得了一套模式識別的人而言，即使告訴他「這套模式識別已經失效了」，也很難改寫他們的想法，因為他們擔心的是自己會不會又得再經歷一次相同的失敗過程。

舉例來說，PTSD（創傷後壓力疾患）恰恰可告訴我們，這種「改寫」有多麼困難。PTSD是指，當一個人經歷或目睹了一場攸關性命的災難性慘痛事件後，腦中不斷閃現那段經歷，或被噩夢糾纏的症狀，這可視為一種學習障礙。

我們之所以無法抹滅過去的慘痛回憶，很可能是因為即使事後已處於安全狀態，卻失去重新學習的能力，而無法認知到自己現在「已經安全了」。

從這個觀點來看，應該就能理解為何多數的既有公司，都在新興產業中表現不佳。當環境發生重大改變時，以往的經驗不僅會變得毫無價值，甚至會使決策和行為的品質變得極為粗劣，這種現象在數位產業中尤其常見。

我們該記住的是，統稱為GAFA的數位界霸主，即Google、亞馬遜、臉書和蘋果電腦，在他們創立事業之初，也都只是「沒有經驗的新手」而已。在搜索引擎方面，有許多經營者先於Google；販賣書籍、製造手機的企業，更是大量存在。

但那些先驅企業，也就是遠比GAFA累積了更多經驗的企業主，絕大部分都無法駕馭數位狂潮，而化成了歷史的泡影。這些先驅企業無論在經驗、知識或人才方面，都擁有豐富的資源，為何卻無法成為贏家？原因很簡單，正是因為他們所積累的那些經驗和知識，使他們成了輸家。

當時代演變至此，舊人類仍依循過去的經驗和知識來理解眼前世界，於是價值急速跌落；反之，新人類能忠實地觀察眼前狀況，發揮敏捷學習能力，並不斷更新過去積累下來的經驗與知識，因而能創造出非凡價值。

第八章

新人類的組織管理

從權力型管理 ▶ 到對話型管理

自己的人生陷入「無可挽回」的境地。

如果所屬的體制無法正常運作的話，那麼我們自己也不可能過得安穩。換言之，利用「建議」和「脫離」向體制施壓，好處終將回流到我們自己身上。

對於體制的健全運作與發展來說，及時提供適當的反饋是缺之不可的。美國的三里島核電廠事故發生時，就是因為電腦的資訊處理能力，跟不上事態複合而連鎖性的發展，於是無法及時提供適當的反饋，最後才會演變成爐心熔解的嚴重事故。

人類也是一樣，我們可以將人類看成是一種「接收外界資訊，加以處理，再對外界做出反應」的系統，因此要提高系統的表現，就必須有更好的反饋機制。而「建議」和「脫離」可說是最簡單易懂又最有效的反饋機制。

改變世界的微小建議

讀到這裡，或許會有讀者說，像自己這樣既沒話語權又沒影響力，立場如此微不足道的人，無論發表任何建議，都不可能改變情況。

這是認為，只有經營者、政治家等地位夠高、領導力夠大的人，才能夠提出意見，改變組織或社會，而像自己這樣的人則是辦不到的。換言之，就是一種「改變世界的人，是擁有巨大的領導力的人」的想法，但這種想法完全錯誤。至於為何完全錯誤，有以下兩個理由可以解釋。

首先的第一個理由是，只要回顧過去歷史，就會意外發現，讓世界朝好的方向大幅改變的契機中，不少是來自「微小領導力的累積」。[82]

比方說，前面也曾提到過，引爆美國民權運動的導火線，僅僅是因為一名年輕的黑人女性羅莎・帕克斯，坐在公車的白人專用席上拒絕讓座，進而被捕入獄的小小事件，也就是所謂的「公車抵制事件」。

當時，羅莎是一名在工廠工作的女工，並非民權運動人士。這個事件的出發點，也不是要發動革命或帶領民權運動，而只是在被命令「不准坐白人的座位」時，單純地感到不可理喻，因此以反駁和不遵從指示，作為她所提出的「建議」。

換言之，當時她能發揮的領導力何其微小，但她人微言輕的建議卻成了導火線，最終引爆了一場全國性的運動，大大改變了世界的歷史。

科普作家布侃南（Mark Buchanan，原譯為馬克・布坎南）在其著作《改

82　順帶一提，在「世界情勢一口氣跌入谷底」的情況下，往往會出現自上而下的巨大強權，對世界造成影響。請回想看看希特勒、史達林、波布（Pol Pot）等人。他們都是透過「自詡為善意的虛偽狂妄的強大掌權者」推動，而取得主導地位。

指控並說出加害者的真實姓名；在義大利，自白受害經驗的推文此起彼落。受到這些運動的啟發，美國國會的女議員也說出她們受到男議員性騷擾的經歷；在英國，國防大臣麥可．法隆（Michael Fallon）深陷性騷擾指控，而黯然下台。

那些過去處於劣勢而不得不隱忍的人，如今利用科技串聯起來，形成一股對抗「強大權力」的力量。

我們有可能正在見證一個歷史性的時刻，一個羅馬時代綿延至今的巨大權力正在走向終結的時刻。摩伊希斯．奈姆（Moises Naim）曾擔任委內瑞拉工業部長，之後成為享譽全球的作家，他在其著作《微權力》（商周出版，二〇一五）中便宣稱，我們正處在這樣的時代。

奈姆指出，巨大權力因為三個M而正處在一個不可逆轉的衰退進程中，而這三個M就是「More」、「Mobility」和「Mentality」。他將這三個M的動向稱作是一種「革命」（＝Revolution）。以下分別針對三個M簡單介紹。

「More」主要是指「物質豐盛度的提升」。眾所周知地，二十一世紀以來，一方面世界貧困人口有逐漸減少的趨勢，另一方面中產階級正在崛起。中產階級的崛起，會讓獨裁政權難以生存。

湯瑪斯・佛德曼（Thomas Friedman）在《了解全球化：凌志汽車與橄欖樹》（聯經出版，二〇〇〇）一書中指出，「有麥當勞的國家彼此之間不會發動戰爭」。這是因為「當一個國家裡的中產階級已經多到能支持麥當勞在該國經營時，這個國家就不可能權力集中到足以發動戰爭」。

接著，「Mobility」主要是指「物理上的機動性」即「方便移動的程度」。自二十世紀後半葉以來，因為有愈來愈多手段與網路，能讓幫助我們離開一個權力所統治的國家或群體，前往另一權力所統治的國家或社區，所以出現了「統治權的自然淘汰」，於是權力在某些特定領域中的實質效果就會愈來愈低。

比方說，最典型的就是，所謂的「金融科技」（FinTech），它能使移民乃至暫時停留在國外的勞動人口，更容易進行跨國匯款。要實現要發揮這樣的「Mobility」，廉價且安全的匯款服務是不可或缺的。

最後一項「Mentality」，主要是指「我們對權力的意識變化」。這是因為我們可以看到，有愈來愈多人認為「即使我們沒有權力，也能對社會產生影響」，並且進而採取行動，「MeToo」運動就是一例。

誠然，過去一個人的地位，與他擁有的話語權和影響力，是高度相關

說的官僚制組織。官僚制組織是指，一個組織在制度上先定出一套作業的規則和決策權限，只要合乎規則就可以自行判斷、作業，若是發生例外狀況無法透過規則判斷的話，就要請示主管並按照其判斷行事。

因此，我們許多人所屬的企業組織，在運作上愈是無法以規則處理的例外狀況，就會交由愈高的組織層級去處理，於是「例外性」最高的案子，就會遞到執行長的手中。

在這種組織模型中，通常經驗豐富的年長者，都位在組織上層，手中握有重大的決策權限；而經驗、年資相對較少的新生代，則位於組織下層，手中握有的決策權限也較小。

研究者對實際組織的分析數據，也為此模型提供了佐證。例如，二〇〇六年，專業數據分析師的艾文納許・考希克（Avinash Kaushik）和羅尼・柯哈維（Ronny Kohavi），對大多數企業所採取的主流決策機制進行分析，並將這種決策風格命名為「HiPPO」。[84]「HiPPO」是「Highest-Paid Person's Opinion」（薪酬最高者的意見）」的縮寫，並不是指河馬。

然而，在日益VUCA的世界裡，經驗的價值正在快速流失。當世界演變至此，如果我們仍繼續採用舊人類的 HiPPO 決策風格，以「經驗量

年～一四七一年）天主教神父，代表作為《效法基督》。另著有《靈魂的獨白》、《論獨處與寧靜》等書。

83 馬克斯・韋伯（Max Weber，一八六四年四月二十一日～一九二〇年六月十四日）德國的政治學家、社會學家及經濟學家。

84 https://www.forbes.com/sites/bernardmarr/2017/10/26/data-driven-decision-making-beware-of-the-hippo-effect/#7a9e793c80f9

和知識量」決定「決策權限」的話，恐怕將為我們帶來極大風險。

因為當狀況的不確定性愈高時，參與其中的人員愈需要以平等的關係溝通。關於飛航事故的統計可以清楚地為我們說明此事。

為何機長的失事比率高於副機長？

一般而言，客機的飛行是由機長和副機長共同分擔職務。總體來說，在操縱技術和狀況判斷能力上，機長當然遠遠優於副機長。但從過去的飛航事故統計來看，機長負責操縱飛機時，卻比副機長負責操縱時，更容易發生墜機事件。

這究竟是怎麼回事？明明機長的技術與判斷能力都較高，為何他們負責操縱時，比較容易失事？這實在令人感到費解。

但如果將駕駛艙視為一個「最小的組織」，就能解開這個謎團。換言之，我們的觀察必須從駕駛艙為單位的「組織」切入，而非從飛行員個人的角度切入，並探討在這種狀態下，如何才能讓「組織表現」最佳化。

在駕駛艙中，若要讓決策品質更提升的話，雙方就必須互相檢查對方只會讓我們的組織一而再再而三地走向毀滅。

歸根究底，領導力本來就不是來自權威，而來自問題意識（Problematic）。

筆者對日本企業進行組織診斷時，經常能聽到中階管理階層的人說：「我沒那個權限。」各位覺得，有一天這樣的人獲得權限時，就開始採取行動嗎？筆者可不這麼認為。今日不能主動判斷、主動採取行動的人，即使明日得到了權力，恐怕還是不會採取行動吧。

正如前述，好萊塢電影中，發揮領導力的角色，都是那些位於組織基層、手中權限不大的人。這些人踰越自身權限，在問題意識與危機意識的驅使下，無從選擇、迫於無奈地展現了自己的領導力。

但回想起來，這在過去歷史中，難道不也似曾相識？歷史上展現出偉大領導力的人，例如耶穌基督、馬丁・路德・金恩、聖雄甘地，都是在這樣的情境中誕生的。

他們都不是組織中位高權重的人。他們只是基於自己的問題意識，持續不斷地側耳傾聽，凝神細看，以及伸出他們助人的雙手。這才是我們今後所需的新型思考及行為模式。

新人類重點整理

在「愈來愈VUCA的世界」裡，知識和經驗快速失去價值，過去那種職位愈高權限愈大，愈能對例外事件做出決策的階級體系，已逐漸失去實際意義。

正如作家摩伊希斯・奈姆所言，我們現在正處於一個「權力走向終結」的重大歷史進程中。當時代演變至此，依附權力或追求權力的舊人類行為典範，都已經逐漸成為明日黃花。

機長操縱飛機時，比副機長操縱時，更容易發生失事。這項統計數據顯示出，如果是獨自做出決策，那麼無論領導人的判斷力再怎麼優秀，也比不上雖然能力較差，但能一邊與同伴討論一邊做決策的人。

根據荷蘭的吉爾特・霍夫斯塔德的研究，與基督新教國家相比，日本的權力距離相對較高，且組織中的氛圍不支持下層對上層提出異議或建議。這在組織的決策品質上，將成為一大致命傷。

日本人往往懷著「權威者會來幫助我」的想法，但這種以為權威總是能做出正確判斷、解決問題的舊人類思考模式，其實風險極大，尤其是在這個日益VUCA的世界裡。能夠適應這個時代的新人類，不會仰賴權威，並懷有自己的問題意識，能號召他人一起行動。

24 不沉淪於體制，不屈不撓地改寫腳本

體制是「人」建立的，隨著時代改寫它是我們的責任。改寫出新的體制，接下來的人能夠銜接下去，也繼續改寫下去。

舊人類 不加批判地配合體制最佳化

新人類 批判體制，修正體制

如果有人說像我們這樣的人是做夢的人，是病入膏肓的理想主義者，或者老想著不可能實現的事，那麼再回答個一萬次我也會說：「是的，我們正是這樣的人。」

——切・格瓦拉[86]

沉迷於眼前的競爭遊戲的人們——愈來愈殘酷的社會體制

筆者認為，許多現代人的問題意識，都太過局限於當下的社會型態，

86 埃內斯托・切・格瓦拉

盡想著如何在此前提下追求功利主義，在競爭中勝出。

太多人不質疑社會型態、組織型態的對錯，認定「世界就是如此」，熱衷於適應體制以贏得競賽，卻從沒想過要去改變體制。

我相信，的確也有人是經過這樣的努力，最後獲得高額的收入，成為他人豔羨和嫉妒的對象。而天真的人更是大有人在，他們看到了這些被稱為「人生勝利組」的人，就以為「只要像他們一樣努力，我也能變得跟他們一樣」。於是，這還成了一種「市場」。

然而，「不加批判地配合體制進行最佳化，以追求一個占盡好處的地位」，這種老式行為典範，其實存在兩大問題。

第一個問題是，如果繼續效仿成功人士適應目前的社會制度的話，我們會讓這個有問題的社會制度變得愈來愈牢不可破，愈來愈難以撼動。

比方說，以美國為首的已開發國家中，貧富差距擴大的社會問題日益嚴重。當然，財富分配極度不均的現象，是體制的功能失調所造成的，但對此狀況許多人卻仍一心相信：「正因為這個社會如此殘酷，所以我更要讓自己在這壁壘分明的『貧富』之間，努力進入『富』的那一方。」

然而，如果我們真的在這樣的努力下，取得了巨額的收入的話，反而

拉（Ernesto Che Guevara，一九二八年六月十四日～一九六七年十月九日）。阿根廷出生的政治家及革命家。在古巴革命中擔任游擊隊領袖。

會進一步擴大和延長貧富差距，讓問題變得更加嚴重，更加根深蒂固。

近年來，甚至受過高等教育的菁英中，也有人洋洋灑灑地闡述著「如何才能在這殘酷的社會中生存下去」之類的論調。眼界之低，著實有失知識分子的格調，畢竟沒有人會打從一開始，就希望生在一個「殘酷的社會」中。如果我們的社會是一個「殘酷的社會」，那麼受過教育的菁英們真正應該思考的，不是「如何在這樣殘酷的社會中勝出」這種低賤的問題，而是「如何才能建立起一個柔性而公平的社會」。

舊人類會引起過度最佳化的問題——無價值的財富終將消失

「舊人類配合不良體制，將自己最佳化」的第二個問題點，是體制會不斷變化，過度的最佳化總有一天會導致不相容現象的發生。

過去在這世上十分有效的戰鬥方式，某天醒來，突然變得完全不適用了——這種事並非不可能發生。

近年最典型的例子就是雷曼風暴。二〇〇〇年代初，名門商學院畢業的學生有三分之一選擇進了投資銀行（Investment Bank），打算在此展開漂亮的事業生涯，從此過著美好的「玫瑰人生」（La Vie en Rose）。

然而事與願違，世界情勢風雲變色，過去「第一年就領到數千萬日圓獎金」的狀況，唐突畫下休止符。許多人一路積累了各種技能和知識以迎合變色前的「舊世界」，卻在一夕之間遭到背叛，被發配邊疆任其自生自滅。配合體制過度最佳化的舊人類，未來將在各個領域，面臨不相容的問題。

如前所述，整個社會分工合作所製造出的財富之所以極端不均衡地分配給了部分的人，是因為體制的功能失調。舊人類找工作時「貨幣優先於價值」，因此他們會試圖透過功能失調來得到「占盡好處的肥缺」。

另一方面，新人類找工作時「價值優先於貨幣」，因此會努力推動改革，以矯正體制的功能失調。當新人類成功矯正了體制後，原本因功能失調而引發的財富分配不均，就會得到修正，結果舊人類所霸占的「肥缺」，就會無預警地消失。

那麼，舊人類之後要怎麼辦呢？答案恐怕是「什麼也沒得辦」。畢竟他們打從一開始就沒做任何「創造價值」的事情。

我們為什麼需要「解構資本主義」？

以上的說法，可能會讓人覺得我提出的「新人類」，是要全盤推翻「資本主義」等的社會體制。

本書指出的「意義的枯竭」和「產品的飽和」，的確與資本主義體制關係密切。自馬克思以來，我們就根深蒂固地認為，資本主義的體制就是問題的來源所在。

但筆者個人認為，全盤否定資本主義也無濟於事。

比方說，過去的共產主義運動，原本的目的是「用其他東西代替」那種功能不佳又不健全的資本主義」，但經過了共產主義這場超大型的社會實驗後，發現這只不過是將「不良體制」替換成另一個「更不良的體制」。

這種「替代」（＝二擇一）的想法，也就是「這個不行就換一個」的想法，是在體制上找出讓事態惡化的真正原因，並試圖透過轉換成另一個體制來解決問題。這種想法雖然十分單純不費力，但最終還是不能解決問題。

對於不加批判地接受體制，筆者當然是持批判的態度。但也反對只因此就將問題全歸因於體制，認為只要用其他體制替代舊體制就能解決問題。

這一點非常重要，但卻很容易被誤解，因此請各位讀者特別留意。當我說，舊人類是沉淪於眼前的體制，並配合體制追求最佳化的人，那你可能會想說，如此說來，新人類就一定是，對當前的體制全盤否定，試圖將

新人類重點整理

這世上，有的是既能適應當前社會體制，又企圖成為其中贏家的人，但是擁有這種思考模式的舊人類愈多，現代的社會體制就會變得愈穩固、愈持久。

目前的社會體制存在著許多重大議題，例如貧富差距日益擴大、地區與地區之間生活及文化水準愈來愈懸殊、全球環境所承受的負擔不斷加大等等，讓這種體制頑強地延續下去，並非人類之福。

舊人類的行為模式，會配合體制進行最佳化，以登上一個占盡好處的地位，但今後因環境變化的加速，這種行為模式反而會導致過度最佳化的問題。當社會演變至此新人類追求本質性的「價值」更勝於「貨幣」，藉此為自己掙來立足之地，這樣的行為模式更能為自己發展出長長久久的永續性職涯。

舊人類是「配合體制進行最佳化」或「全盤否定體制並試圖將其替換」的二擇一，相對地，新人類則是姑且適應體制，並一邊積累自己的話語權及影響力，一邊抽絲剝繭地看出體制中存在的問題，再推動改革，以改變體制。

後記

在即將闔上本書前，我有一個問題希望各位讀者來一起動動腦：「如果人類要移民外太空了，那麼在日本的文化遺產中，你會想帶走什麼？」

我曾在各種不同的場合，向參加者提出過這個問題，包括在國小的演講上、大學的課堂中、企業人士參加的工作坊上，答案總是具有同一種傾向，那就是其中八到九成的答案，都是造於十八世紀以前的東西。

我們常說，人類通過整個二十世紀，讓生產力得到爆發式的成長。然而，在這個狀態下製造出的東西，未必是想要傳承給未來子孫的東西。

這究竟是怎麼回事呢？我們不妨從生產力的觀點，將十八世紀以前的社會與現代的社會拿來做個比較。

首先，從勞動力來看，是江戶時代（一六〇三～一八六八年）的人口在其最盛時期的元祿時代（一六八八～一七〇四年），約為三千萬人左右。而今天日本人口為一億二千萬人，換言之，現在是那時的四倍。

需要進一步指出的是，在江戶時代，人民一般的勞動時間是一天三～

四小時左右，而現代的日本人則是一天七～八小時左右，也就是過去的兩倍。而且，許多人讓自己工作到身心不堪負荷，或被工作折磨出心病，甚至有不計其數的人因此而自我了斷。換言之，四倍的人口，乘上兩倍的勞動時間，也就是現代人不僅投入了八倍的總勞動量，同時還得承受著巨大的精神負擔。

接著，再從能源消耗來看，江戶時代的石油資源消耗量為零，而現代日本則是每人每年要消耗掉十大卡的石油資源。此外，從對環境造成的負擔來看，江戶時代是一個全循環型的永續社會，而在現代，全球暖化已成了一個迫在眉睫、無可迴避的問題，不僅如此，半個世紀前，在日本各地還有如水俁病、痛痛病等的各種環境污染的慘痛悲劇。

從此來看，不禁令人深思，過去我們在歷史課本、經濟學教科書上學到的「生產力的提升」，指的究竟是什麼？

我們投入龐大的人力資源，耗盡礦產、石油等地球資源，所生產出的許多「產品」，結果都不是我們心目中非傳承給後代子孫不可的東西。不必留給後代子孫的物品、我們這一代人處理掉就好的物品，這些換句話說，就是「垃圾」。我們投入這麼龐大的勞動量和資源，結果一股腦兒地生產出的，只不過是「垃圾」而已。

人類是需要從意義中攝取養分，才能活下來的生物，而製造垃圾、販賣垃圾無法讓人找出意義。人被迫做著無意義的事，肯定會悶出病來。在日本等已開發國家，精神疾病患者之所以會大量增加，恐怕就是因為許多人都無法從「製造垃圾、販賣垃圾」中找到「意義」。

今日，科技的進化一日千里，最表層意義的「生產力」今後想必也會繼續提升。但此時的問題是，作為使用者的人類，在「人性」上不但毫無進化，甚至與一百年前相比，還有退化的趨勢。科技愈來愈強大的同時，使用科技的我們卻是日趨退化。倘若這種情況再持續下去，我們將會加速複製過去這一百年來的愚蠢行為，透過更高的「生產力」，繼續製造出更加壯觀的垃圾。

問題究竟出在哪呢？也有人指出，最根本問題是出在資本主義的體制上。確實，資本主義的體制絕對是造就此種狀況的一大幫凶。但前面也曾說過，筆者個人認為就算將體制全盤否定，也於事無補。這種「二擇一」的思維，也就是「既然這個體制不行，就換成那個體制」的想法，是二十世紀舊人類的思考模式，從目標體制中找出問題惡化的真正原因，並透過轉換成另一個體制來解決該問題，這種做法雖然十分單純不費力，但問題的根本還是得不到解決。

我們不能把我們今日所面臨的狀況，當作「體制的問題」來處理。到頭來，不管體制再怎麼改，如果在體制中工作的人，沒有掀起意識上的革命，那麼狀況就不會改變。如果我們的社會，耗費了如此龐大的勞力，卻只能生產出如此不堪的成果，那麼我們就該認清一個事實：一切問題的根源，其實是在於體制中工作的我們，對此事太過毫無自知又毫無批判了。

二〇一九年五月一日，日本年號從平成進入令和。問到時代將會如何變化時，歷史學家暨藝術史學家的恩斯特・宮布利希（Ernst H. Gombrich）曾以十五世紀文藝復興為例，寫下了這一段話：

要是有一天，大街上喇叭聲響起，有人騎馬而來，向眾人宣布：「各位鄉親父老，新時代來臨囉！」要是這樣該有多好。但這種事情並不會在現實中發生。人類看待事物的觀點一直在改變，自己卻沒有察覺。直到有一天，才像翻開了一本古老的筆記本般，突然察覺到了這種改變。這時，他才得意地說：「我們進入新時代了。」而且往往還會補上一句：「以前的人還真愚蠢哪！」

——恩斯特・H・宮布利希

《寫給年輕人的簡明世界史》（商周出版，二〇二〇）

宮布利希認為，「時代的更替」不是舊時代追求的那種「伴隨著開場小號的奏樂聲而降臨的制度取代」，而是所有人在不知不覺中改變了「看待事物的觀點」。宮布利希所要表達的是，當每個人的思考及行為模式，都從舊人類轉換成新人類時，才會帶來一個時代的更替。

如果我們現在正處於時代的轉捩點上，那麼我們「看待事物的觀點」應該也會悄悄地更新。希望透過本書的拋磚引玉，能讓各位讀者開始思考屬於自己的「新時代必要條件」（＝新人類）是什麼，並進一步擺脫二十世紀的價值觀和工作觀的束縛，實現一種彈性而自由的人生新樣貌。

二〇一九年六月

山口周

成為新人類：24個未來菁英的嶄新定義

ニュータイプの時代：新時代を生き抜く24の思考・行動様式

著者	山口周	出版者	行人文化實驗室
譯者	李璦祺	發行人	廖美立
總編輯	周易正	地址	10074台北市中正區南昌路一段49號2樓
責任編輯	林昕怡		
編輯協力	廖芷瑩	電話	+886-2-3765-2655
封面設計	鄭宇斌	傳真	+886-2-3765-2660
內頁排版	王秀儒	網址	http://flaneur.tw
行銷企劃	毛志翔、陳姿華		
印刷	釉川印刷	總經銷	大和書報圖書股份有限公司
定價	420元	電話	+886-2-8990-2588
ISBN	978-986-98592-5-7		

2020年7月初版一刷

成為新人類：24個明日菁英的嶄新定義 / 山口周著；李璦祺譯 .

-- 初版 . -- 臺北市：行人文化實驗室 , 2020.07

384面； 21 x 14.8 公分

譯自：ニュータイプの時代 新時代を生き抜く24の思考・行動様式

ISBN 978-986-98592-5-7(平裝)

1. 思維方法 2. 行為模式

176.4 109008428